领导力
管理进阶与影响力升级

商其坤 田予苗 张 芝 著

电子工业出版社
Publishing House of Electronics Industry
北京·BEIJING

内 容 简 介

在快速变化的商业环境中，企业领导者需要能够迅速做出决策，灵活调整战略和组织架构，以应对各种不确定性和突发事件。本书聚焦企业领导者的管理进阶与影响力升级，是一本全面而深入的领导力修炼指南。

本书基础篇聚焦领导力修炼，涵盖自我成长、塑造价值观、勾勒愿景、严明标准、制度建设、沟通法则、授权与问责、有效反馈、激励方案这些方面，助力领导者不断提升自身的领导力。进阶篇从领导者个人IP、游戏化组织、时间管理、信息共享、数据赋能、以结果为导向和价值进阶这些方面进行讲解，提供了从普通领导者向卓越领导者进阶的具体路径。

本书涵盖了领导力修炼的关键点，适合想要提升自身领导力的企业领导者，以及对管理感兴趣的读者阅读，能够帮助他们不断提升领导力，引领企业走向成功。

未经许可，不得以任何方式复制或抄袭本书之部分或全部内容。
版权所有，侵权必究。

图书在版编目（CIP）数据

领导力 : 管理进阶与影响力升级 / 商其坤，田予苗，张芝著. -- 北京 : 电子工业出版社, 2025. 5. -- ISBN 978-7-121-50173-9

Ⅰ. F272.91-49

中国国家版本馆 CIP 数据核字第 2025YV1597 号

责任编辑：刘伊菲
印　　刷：三河市鑫金马印装有限公司
装　　订：三河市鑫金马印装有限公司
出版发行：电子工业出版社
　　　　　北京市海淀区万寿路 173 信箱　　邮编：100036
开　　本：720×1000　1/16　　印张：15　　字数：242 千字
版　　次：2025 年 5 月第 1 版
印　　次：2025 年 10 月第 2 次印刷
定　　价：69.00 元

凡所购买电子工业出版社图书有缺损问题，请向购买书店调换。若书店售缺，请与本社发行部联系，联系及邮购电话：(010) 88254888，88258888。
质量投诉请发邮件至 zlts@phei.com.cn，盗版侵权举报请发邮件至 dbqq@phei.com.cn。
本书咨询联系方式：(010) 68161512，meidipub@phei.com.cn。

前言

在当今竞争激烈、变化迅速的商业环境中，领导力已成为决定企业经营成败的重要因素。本书旨在为企业领导者提供全面而深入的领导力提升路径，帮助他们在复杂多变的职场中脱颖而出，成为卓越领导者，从而引领企业走向成功。

本书基础篇开启了领导力修炼的大门。领导者若没有影响力，则无法领导他人。卓越领导者的五种习惯行为为企业领导者指明了方向，告诉他们如何成长为卓越领导者。价值观是领导者修炼领导力的原动力，不仅有助于领导者提升敬业度，还能促使其知行合一，通过共同价值观提升影响力。

勾勒愿景为企业的发展奠定文化基础，因为愿景可以让员工明确工作方向，实现自身与企业的同频进阶。但要注意的是，愿景需要不断地进行创新与变革，以始终具有合理性。严明标准为企业管理提供指导，指明员工努力的方向。明确企业应该有的标准，并将执行标准的成功经验进行复制、推广，可以提升企业领导者的领导力。

制度建设是"人管理"模式的替代品，领导力要有制度做"盾"。领导者要制定让员工"微笑"的制度，并狠抓执行。领导者要遵循少些误解、多些理解的沟通法则，运用沟通视窗等工具打造强影响力，同时在沟通中注意倾听。

授权与问责可以让权责清晰。授权是领导者的核心工作，合理授权、合理问责，能够提升员工的执行力和忠诚度。反馈是保持领导力的关键点，有效反馈能让员工感受到领导者的魅力。正面反馈能够引爆员工的工作积极性，负面反馈能够促使员工积极改进。激励方案是点燃员工工作积极性的"火种"，是领导者提升影响力的"武器"。激励包括物质激励和精神激励。

进阶篇旨在助力领导者实现领导力的跃升。领导者个人 IP 的塑造，能够提升其在企业内外的影响力。打造游戏化组织，能够让工作变得更富有趣味性，满足新时代员工对工作的需求。合适的游戏规则能够鼓励员工自愿参与企业管理，营造积极向上的工作氛围。

在时间管理方面，领导者需要拒绝无效工作，把时间放在关键任务上，学会正确、高效地做决策。当然，领导者还需要学会信息共享，这有助于破除"信息孤岛"，让员工不再是局外人。

数字化时代来临，数据成为企业的宝贵财富之一。领导者要善于运用数据，掌握常用数据分析方法，制定数据制度，实现目标数据化。以结果为导向的领导力可以帮助领导者摒弃形式化的管理模式和落伍的"家长制"管理作风，与员工建立真挚的合作伙伴关系。

领导力是领导者应具备的重要能力，应不断进阶与完善。通过运用领导力评估与进阶工具，领导者能够精准培养未来的接班人，并紧随时代步伐，不断充实与提升自我，以确保自身领导力的持续升级。

本书涵盖了领导力修炼和升级的各个方面，无论是新晋领导者，还是经验丰富的领导者，都能从中获得宝贵的启示和实用的方法。希望您在阅读的过程中，不断反思、实践，逐步提升自己的领导力，带领团队创造更辉煌的业绩。

目录

基础篇 领导力修炼指南

第 1 章 自我成长：卓越领导者是如何修炼的 3

1.1 影响力对领导者的重要性 3
1.2 卓越领导者的五种习惯行为 8
1.3 如何成长为卓越领导者 14

第 2 章 塑造价值观：以价值观为原动力 21

2.1 价值观：指导领导者敬业 21
2.2 知行合一：践行价值观 24
2.3 通过共同价值观提升影响力 28

第 3 章 勾勒愿景：为企业的发展奠定文化基础 33

3.1 愿景：让员工知道做什么 33
3.2 勾勒愿景的步骤是什么 36
3.3 同频进阶：成就企业与员工 41
3.4 愿景创新与变革 45

第 4 章 严明标准：有标准才能做好管理 49

4.1 标准：为员工指明努力的方向 49
4.2 团队应该有哪些标准 52
4.3 将执行标准的成功经验复制并推广 58

第 5 章 制度建设："人管理"模式的替代品 63

5.1 领导力要有制度做"盾" 63
5.2 制定一套让员工"微笑"的制度 67
5.3 不仅要有制度，还要抓执行 72

第 6 章 沟通法则：少些误解，多些理解 77

6.1 必备工具：沟通视窗 77
6.2 用沟通打造你的强大影响力 80
6.3 记住，倾听始终很重要 85

第 7 章 授权与问责：权责清晰很重要 91

7.1 授权是领导者的核心工作 91
7.2 合理授权：抓大事，不问琐事 95
7.3 如何让问责发挥最大价值 100

第 8 章 有效反馈：让员工感受到领导者的魅力 105

8.1 反馈是保持领导力的关键点 ... 105
8.2 正面反馈：引爆团队 109
8.3 负面反馈：BIC 理论 112

第 9 章 激励方案：点燃员工的工作积极性 117

9.1 激励是提升影响力的"武器" 117
9.2 激励方案之物质激励 121
9.3 激励方案之精神激励 126

进阶篇　领导力升级战略

第 10 章 领导者个人 IP：提升影响力是目标 135

10.1 领导者为什么要有个人 IP 135
10.2 领导者个人 IP 建设的四个关键点 138
10.3 深度个人 IP：升级领导者的影响力 145

第 11 章 游戏化组织：让工作变得更有趣 149

11.1 在新时代，员工更希望工作有趣 149
11.2 为企业制定"游戏规则" 155
11.3 如何让员工自愿参与游戏 ... 159

第 12 章 时间管理：领导者必须拒绝无效努力 163

12.1 把时间投入到关键任务上 ... 163
12.2 如何正确又高效地做决策 ... 167
12.3 开会，一定不能浪费时间 ... 171

第 13 章 信息共享：掌握太多秘密并不高明 177

13.1 "信息孤岛"：员工不应该是局外人 177

13.2 信息共享的三大模式 182
13.3 如何成为信息共享型领导者 186

第 14 章 数据赋能：卓越领导者应该会用数据 191

14.1 常用数据分析方法 191
14.2 制定数据制度 195
14.3 领导者的关键任务：目标数据化 199

第 15 章 以结果为导向：抛弃形式化的管理模式 203

15.1 落伍的"家长制"管理作风 203
15.2 是领导者，也是朋友 207
15.3 多讲结果，少说教 211

第 16 章 价值进阶：领导力应该持续升级 219

16.1 领导力评估与进阶工具 219
16.2 领导力升级密码：培养接班人 224
16.3 与时俱进：领导者要不断充实自己 229

基础篇　领导力修炼指南

第 1 章
自我成长：卓越领导者是如何修炼的

在追求卓越领导力的道路上，领导者的自我成长是不可或缺的一环。领导者不仅要有长远的眼光和卓越的决策能力，还要具备持续学习、不断进步的自我成长意识。本章将探索领导者自我成长的路径，通过具体讲述影响力对领导者的重要性、卓越领导者的五种习惯行为、成长为卓越领导者的具体方法，助力领导者修炼领导力，不断提升自身的管理能力和管理水平。

1.1 影响力对领导者的重要性

如今，传统权威式管理逐渐让位于注重影响力和个人魅力的领导风格。这种转变反映了组织对灵活、创新和协作的管理模式的需求，揭示了领导者在动态和多元化组织中发挥关键作用的新视角。

1.1.1 真正的领导力来自影响力

领导者的领导力不仅体现在领导者的权威和地位上，更体现在他们在组织中的影响力与获得的信任度上。拥有强大影响力的领导者能够影响员工的行为与观念。

首先，领导者的使命是通过自身的影响力影响员工的行为与观念，以共同推动企业实现既定目标。领导者只有具备影响力，才能有效引导员工、客户、合作伙伴等各方，确保企业朝着正确的发展方向前进。如果领导者仅具备带领团队的能力，而无法对员工或其他相关方产生影响，那么其领导力显然存在不足。

领导和管理的过程，实质上是领导者与员工、客户及合作伙伴进行深度互动的过程。领导者通过自身的行为与观念，影响他人，进而实现领导目标。如果领导者缺乏影响力，那么其领导效果势必不佳。

其次，领导者需要构建人际网络。为了达成领导目标，领导者需要与员工、客户、合作伙伴建立稳定的关系。各种关系建立的关键在于领导者具备强大的影响力，这样才能与合作伙伴愉快合作，实现共赢。

在授权方面，领导者应给予员工充分的自主权，同时对其进行适当的指导与支持，以确保工作顺利进行。全面授权不仅有助于激发员工的潜力，还有助于领导者与员工之间构建更加紧密的关系。

此外，领导者的领导风格对员工的表现和企业未来的发展具有深远的影响。领导风格源自领导者的人格魅力。粗犷的领导风格所产生的影响力较小，而过于亲和的领导风格也不利于领导者提升自身的影响力。因此，领导者应寻求适度的平衡，既要与员工保持一定的距离以树立权威，又要关心员工的成长与发展，以更好地对员工产生影响。

最后，在制订战略规划时，领导者需要获得员工及其他相关方的认同与支持。缺乏影响力的领导者难以制订战略规划，即便制订了战略规划，其也可能因无人响应而难以执行。

总的来看，领导力的核心在于影响力。为了实现企业的目标，领导者需要不断地提升自身的影响力，以建立良好的人际关系，有效传达企业的愿景和目标，制订科学、合理的战略规划，吸引和留住优秀人才，以推动企业的持续创新。通过不断提升自身的影响力，领导者能够更好地领导团队，推动企业的长期发展与个人的成长。

1.1.2 权力性影响力和非权力性影响力

领导者的影响力分为权力性影响力和非权力性影响力两种。权力性影响力又被称为强制性影响力，来源于法律、职位等，具有强迫性和不可抗拒性，需要借助外推力来发挥作用。非权力性影响力是领导者的自身素质、个人魅力所产生的自然影响力，不具有强迫性，但产生的影响更广泛、持久。

权力性影响力与非权力性影响力看似对立，实则相辅相成。在一般情况下，权力性影响力起到决定性作用，属于法律范畴，而非权力性影响力是能动的，属于思想范畴。权力性影响力与非权力性影响力的构成因素如图 1-1 所示。

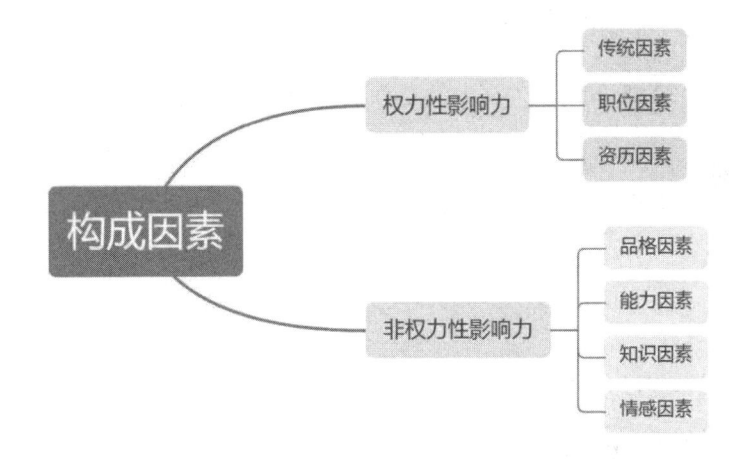

图 1-1　权力性影响力与非权力性影响力的构成因素

在权力性影响力的构成因素中，传统因素是人们对领导者形成的固有观念，即认为他们更优秀。这种观念使得被领导者自然地产生服从意识。职位因素是指在企业内，领导者的职务和地位赋予了他们法定的权力，从而使员工对他们产生敬畏。资历因素关注领导者的资格和经历，资深领导者所产生的影响力更大，更受员工敬重。

在非权力性影响力的构成因素中，品格因素涉及领导者的道德品质，品格高尚的领导者更容易受到下属的爱戴。能力因素关注领导者的才能，才能出众的领导者更能够带领团队获得成功，赢得敬佩。知识因素强调领导者的知识储备，博学多才的领导者更容易获得员工的尊重和信任。情感因素是指人与人之间的感情联系，在领导者和员工之间，良好的感情联系能给双方带来亲切感。

在权力来源方面，权力性影响力来自领导者的职位所具有的权力，包括惩罚权、奖赏权和合法权。惩罚权源自员工对领导者的惩罚能力所产生的恐惧感。奖赏权源自员工期望获得奖励的心理，即员工认为领导者对自己的奖赏能够满足自己的一些需要。合法权源自员工的传统认知，即员工认为领导者有合法的权力领导自己。

非权力性影响力源自领导者的个人魅力，主要涵盖模范权和专长权两个方面。模范权指的是员工对领导者的信任与敬仰，由领导者的品格因素和情感因素构成。而专长权则源自员工对领导者的尊重，由领导者的能力因素和知识因素构成，主要体现为领导者具有某种专业技能，能为员工指明方向，帮助员工达成目标。

在作用方式方面，权力性影响力发挥作用的主要方式是领导者向员工提出正式要求或发布指令。这些要求或指令被通过口头、书面等形式传达，如通知、法令、规章、批示等，员工必须执行或服从。相较之下，非权力性影响力以人格感召的方式发挥作用，包括人格影响力和榜样行为影响力。领导者通过自身的高素质，如丰富的知识、优良的品行、较强的能力，以及与员工之间融洽的关系，使员工自愿接受管理，在心中信服自己。

在影响效果方面，无论是权力性影响力，还是非权力性影响力，都会对被领导者产生一定的作用，但二者所引发的被领导者的心理效应有所差异。权力性影响力源自领导者的职权，其所引发的被领导者的心理效应为服从感、敬畏感和敬重感。非权力性影响力源自领导者的个人魅力，其所引发的被领导者的心理效应为敬爱感、信赖感和亲切感。

1.1.3 巅峰：因为你本身而追随你

位于领导巅峰的人物寥若晨星，他们并非普通领导者，而是领导者的导师。杰克·韦尔奇是通用电气公司前董事长兼首席执行官，其职业生涯的辉煌程度堪称空前。在他的领导下，通用电气公司在短短 20 年间实现市值迅速攀升，一举成为全球市值最高的公司之一。

杰克·韦尔奇明确指出，领导者的核心职能在于成为"意义传播者"。他认为，领导者的首要任务是清晰地向员工阐述企业发展的目标与方向，并且要使每个员工都深刻理解朝着这一目标与方向努力将为他们个人带来什么利益。这不仅有助于员工理解企业发展的目标与方向，更关键的是能够让员工认识到参与变革和追求目标对他们自身的益处。在面对变革时，这一点尤为重要，因为变革过程中充满挑战与不确定性，而当人们意识到变革将为他们带来利益时，他们可能会更积极地接受并投身于变革中。

杰克·韦尔奇强调，领导者需要承担消除企业发展过程中的阻力的责任。这意味着，领导者不应仅停留在发布指令的层面，还要主动识别并消除那些对企业发展产生负面影响的因素。这些因素包括但不限于不必要的官僚体制、冗余的规定和其他形式的制约。如此一来，领导者就能确保企业更顺畅地实现目标，企业的创新能力和运转效率也会提高。

此外，杰克·韦尔奇还高度重视"慷慨精神"在领导者角色中的重要性。他认为，一位优秀的领导者应该由衷地为员工所获得的成长与成就感到欣慰，这是其领导力不可或缺的一部分。这种"慷慨精神"不仅体现在物质回报上，更重要的是对员工个人成就的认可与支持。领导者应该激励员工不断成长，为他们的成功欢呼，而不是出于嫉妒而抑制他们的发展。

杰克·韦尔奇还强调，领导者在工作中应注重愉悦元素的培育。营造积极的工作氛围，让员工享受工作过程，是领导者肩负的重要职责。这种做法不仅能提升员工的整体士气，还能激发员工的创新潜能，提高企业的效益。为了营造积极的工作氛围，领导者需要关注每一个阶段性成果，将愉悦元素融入日常工作中，使整个团队共享成功的喜悦。

在某种程度上，优秀领导者的思想和行为对社会乃至整个人类文明产生了深远影响。相应地，他们具备了超群的领导力。著名新闻评论家沃尔特·利普曼认为，衡量一位领导者的终极标准在于，在他离职后，其下属是否依然坚定信念，勇往直前。

然而，即使是处于管理巅峰的领导者，也可能面临一些潜在的挑战。例如，部分领导者容易自高自大，甚至做出极端行为。如此一来，他们的影响力可能从高峰骤然下滑，导致其领导地位不复存在。因此，巅峰领导者需要时刻保持谦逊和自省，不断学习和成长，以确保自己能够继续引领企业走向更加辉煌的未来。

此外，巅峰领导者还需要重视对后续人才的培养和引导，确保他们的知识技能能够超越自己，为新任领导者创造更多的发展空间。只有这样，巅峰领导者才能充分挖掘潜在领导者的潜力，确保企业长期稳定地发展。

1.2 卓越领导者的五种习惯行为

随着时代的发展，领导力的重要性愈发凸显。一个企业能否成功，往往取决于领导者的能力和行为。领导力大师詹姆斯·库泽斯和巴里·波斯纳通过研究发现，卓越领导者拥有五种共同的习惯行为：以身作则、共启愿景、挑战现状、使众人行、激励人心。下面具体介绍这五种习惯行为，助力领导者提升领导力，向卓越领导者进阶。

1.2.1 以身作则：尊重是赢来的

领导者可以通过正式任命获得职位，但真正的尊重则需要自己去赢得。领导者的领导力体现在其如何有效地影响和引导员工上。为了实现高效管理和达成卓越目标，领导者应以身作则，带头遵循企业的行为规范。

一家全球领先的电子商务零售企业的高级经理阿帕纳·蒂瓦丽表示，他人对她的价值观的讨论越深入，对她的了解就越清晰。领导者的价值观至关重要，但同样不可忽视的是，每一位员工都有自己的价值观。因此，理解并尊重员工的价值观，同时构建得到大家认可的价值观体系，对企业的成功至关重要。

要想以身作则、成为榜样，领导者的首要任务是明确自己的引导原则。这需要领导者深入思考自己的价值观，提出独特的见解，并勇敢地、坚定地将自己的价值观传递给员工。领导者赢得他人尊重的主要原因有以下四个，如图1-2所示。

图 1-2 领导者赢得他人尊重的主要原因

1. 领导才能

对领导者来说，领导力至关重要。一些人具备与生俱来的领导天赋，在领导力方面具备优势，因此更容易受到员工的拥戴，吸引员工围绕其周围，并激发他们的激情与活力。然而，这些天赋异禀的领导者也需要警惕，避免因过度依赖自己的天赋而忽视持续学习和成长。

2. 尊重他人

尊重他人是领导者赢得人心的重要原因。当领导者对他人，特别是对职位比自己低的人表现出尊重时，更容易赢得他人的尊敬。人们更倾向于追随那些尊重他人、真正值得尊敬的领导者。

3. 勇气

优秀的领导者拥有坚定的勇气和信念。他们能够坚定不移地走正确的道路，即使面临巨大的风险和压力，也能保持冷静和果敢。勇气对领导者来说具有无可比拟的价值，它不仅能够为其追随者带来信心和希望，还能够帮助企业渡过难关，实现目标。

4. 成功

成功颇具诱惑力，人们自然会受到其吸引。对领导者而言，成功不仅代表着其个人的荣誉和成就，还代表着企业的荣誉和成就。很多领导者都深知优秀的业绩对赢得员工的信任和尊重的重要性，他们通过不断努力和创新，带领团队取得一个又一个的成功，从而获得员工的信任和尊重。

总之，领导者在管理企业过程中需要以身作则，通过行动和品德赢得他人的尊重。尊重是建立良好团队关系、激发团队活力、实现企业目标的重要保障。领导者只有真正做到以身作则，才能在领导的道路上走得更远、更稳。

1.2.2　共启愿景：描绘未来图景

共启愿景，简而言之，就是领导者与员工共同创造并分享一个清晰、鼓舞人心且可实现的未来图景。这个愿景不仅是领导者的个人梦想或目标，还是融合了员工的智慧、期望与价值观，大家共同认定并愿意为之努力的方向。

共启愿景具有以下作用。

（1）凝聚共识。共启愿景能促使员工打破个人利益的局限，深刻理解企业的目标并达成共识，从而增强企业的凝聚力和向心力。

（2）激发潜能。一个富有感召力的愿景能够激发员工的内在动力，促使他们超越自我，发挥出更大的潜能和创造力。

（3）明确方向。在复杂多变的市场环境中，共启愿景为员工提供了清晰的工作方向，帮助员工在众多选择中做出正确的决策。

（4）增强韧性。当面对挫折和困难时，共同的愿景是员工的精神支柱，赋予他们坚韧不拔的勇气和毅力，增强他们的韧性，使他们能够迅速调整状态，重新出发。

在管理实践中，领导者应该如何做才能与员工共启愿景呢？

（1）倾听与沟通。领导者应主动倾听员工的声音，了解他们的想法、需求和期望，通过有效的沟通将员工个人的愿景与企业的愿景相结合，创造出一个既符合企业发展需要又能够激发员工热情的愿景。

（2）可视化表达。领导者可以利用图表、故事、视频等多种形式将愿景具象化，使其更加生动、直观，便于员工理解和接受。同时，领导者可以通过反复宣讲和强化，使愿景深入人心。

（3）参与式领导。领导者可以鼓励员工积极参与愿景的描绘，让他们成为愿景的创造者和实现者，从而增强他们对愿景的认同感和归属感。

（4）持续反馈与调整。愿景不是一成不变的，领导者应根据企业发展的实际情况和外部环境的变化，及时调整和完善愿景，确保其始终具有吸引力和指导性。

通过共启愿景，领导者能够激发员工的潜能，凝聚力量，与其共同创造辉煌的未来。在这个过程中，领导者需要不断学习和成长，提升自己的领导力和影响力，以更好地引领企业走向成功。

1.2.3 挑战现状：战胜逆境方能创新

卓越领导者深知，只有勇于挑战现状，才能在不断变化的环境中引领企业迈向新的高度。

首先，领导者应认识到，困难是通往成功的道路上不可或缺的元素。领导者在解决旧问题时，往往会发现新的问题接踵而至。有时，这些问题源于领导者的失误或自我创设的挑战；有时，这些问题是被他人所强加的。在大多数情况下，这两种因素共同产生作用。毫无疑问，挑战是很难避免的，其不确定性也是显而易见的，即使领导者做了充分的准备，也会有一些事情超出预期，脱离他的控制范围。

其次，在复杂多变的环境中，领导者的重要性更加凸显。在这样的环境中，领导者应挺身而出，直面挑战，担负起改变现状的重任，带领员工突破困境。领导者的价值和作用，在危难时刻尤其彰显。作为领导者，他们应勇敢地面对问题、解决问题，设定目标，并努力实现。

最后，在应对挑战的过程中，领导者和员工的能力得以塑造和提升，进而拓展了其解决问题的能力范围。正是凭借不断地面对并解决各类问题，企业才得以构建起竞争壁垒，为未来的发展奠定坚实的基础。

作为一位卓越领导者，乔布斯在面对挑战时能够凭借独特的视角和坚定的决心，引领苹果公司在逆境中实现创新。乔布斯与斯蒂夫·沃兹尼亚克共同创立了苹果公司，他们推出的苹果电脑引起了消费者的广泛关注，但也面临着诸多挑战。在初创阶段，苹果公司遭遇了资金短缺、生产难题、市场竞争压力大等困难。然而，乔布斯坚信他们的产品具备改变世界的潜力，并持续激励员工勇往直前。

因与苹果公司董事会产生分歧，乔布斯被迫离职，其事业遭受重创。然而，他并未就此放弃，而是创立了 NeXT 电脑公司，并收购了 Pixar 动画公司。尽管初期业绩不佳，他仍坚持投入和创新。在苹果公司陷入困境后，乔布斯重回苹果公司，凭借丰富的经验推出创新产品，重新确立苹果公司在市场中的领导地位。

在苹果公司的复兴之路上，乔布斯面临着诸多挑战与困境，如与微软的竞争、产品设计引发的争议、供应链问题和健康挑战等。然而，他始终坚信自己肩负着改变世界的使命，以坚定的决心和远见卓识引领苹果公司走向辉煌。

在当今快速变化的时代，每一个企业和个人都要勇于挑战现状。只有那些敢于挑战、勇于创新的领导者，才能带领员工不断突破现状，实现更高的目标。

1.2.4 使众人行：一个团队一个声音

领导者单纯依靠个人力量，难以将宏伟愿景变为现实。将宏伟愿景变为现实，依赖于团队成员的齐心协力，建立在团队成员间的充分信任和全力合作之上。一个卓越的团队，不仅需要成员具备出色的才能，还需要他们拥有团队协作的意识和个人责任感。为了取得卓越的业绩，领导者应当激发团队的集体行动力。

"众人拾柴火焰高"，一个优秀的团队，就如同熊熊燃烧的火焰，其能量远超单打独斗的个体。团队中的每一个成员，都是拾柴之人，他们的每一次付出，都在为这团火焰增添能量。

使众人行，首先要确保团队内部的声音一致。在一个团队中，如果声音各异，目标不一，那么它的力量就会被分散，甚至可能导致内耗。因此，领导者需要在团队中建立一种共识，让每一个成员都明白团队的目标、自己所扮演的角色，以及如何实现这些目标。

为了建立这种共识，领导者需要运用其智慧和技巧，来引导和激励团队的成员。领导者需要与团队中的成员进行有效的沟通，消除他们的误解和疑虑，与他们建立起深厚的信任关系。领导者还需要关注团队中每一个成员的成长和发展，为他们提供必要的支持和帮助，让他们能够在团队中发挥出最大的价值。

此外，领导者还需要在团队内部营造积极向上的文化氛围。这种氛围应该是开放、包容的，鼓励创新和尝试的，同时能够接纳失败和错误。在这样的氛围中，团队成员才敢于表达自己的想法、挑战自我、承担风险，从而推动团队不断向前发展。

总之，使众人行，不仅需要领导者的高超领导力和卓越智慧，还需要团队成员的共同努力和真诚合作。只有团队成员心往一处想、劲儿往一处使，才能够汇聚强大的力量，推动团队不断向前，实现共同的愿景和目标。

1.2.5　激励人心：真诚地关心与认可

在实现企业目标的过程中，员工可能会感到疲惫不堪、心生挫败感，进而萌生放弃的念头。此时，领导者需要以真挚的关怀激励他们继续奋发向前。

加州太平洋保险公司副总裁丹妮丝·斯特拉卡凭借其丰富的领导经验，深入体悟到激励员工的重要性。她强调，员工热切希望得到领导者对他们及他们完成任务的能力的信任，他们期望在企业中感受到尊重与重视。领导者的认可，便是员工能够创造价值的最佳证明。

领导者可以通过一对一或者集体的形式，选择正式或非正式的方式，对有杰出表现的员工进行表彰。表彰的关键在于让员工感受到他们的努力得到了关注，他们的付出获得了认可。而这种认可并不只是口头上的赞赏，还是对员工的能力及努力的信任和肯定。

同时，领导者还应充分关注员工的福利，洞察他们所面临的困境，帮助他们解决实际问题，并提供必要的支持。当员工感受到领导者的关心时，他们会更有动力地面对困难，更有信心地挑战自我。因为员工知道，他们不是一个人在战斗，他们背后有强大的后盾在支持他们。

此外，领导者应与员工保持常态化的沟通与交流，以深入了解他们的观点与建议，促使他们参与到企业的决策中来。这样不仅可以增强员工的归属感，还可以激发他们的创新精神，为企业的发展注入新的活力。

在达成重要目标后，对员工的表彰能够凸显成就。此外，领导者在工作场所之外与员工开展互动，有助于建立信任关系、提升沟通效果，以及增强企业内部的凝聚力。

总之，鼓舞人心不仅仅是喊口号，更重要的是通过真诚的关心与认可，激发员工的内在动力，让他们能够保持积极向上的态度，不断攀登新的高峰。

1.3 如何成长为卓越领导者

成长为卓越领导者并不是一蹴而就的，它需要领导者在多方面持续修炼和提升。好奇心是探索未知的灯塔，"饥饿感"是追求卓越的动力源泉，活力与热情是点燃员工斗志的火焰。这些品质不仅塑造了像雷军这样的"劳模"，还为无数追求卓越的领导者指明了前进的方向。

1.3.1 永远保持好奇心

为了引领企业开启新的征程，领导者需要始终保持好奇心。居里夫人曾说："好奇心是学习者的第一美德。"领导者不仅要关注当今世界的发展态势，还要洞悉未来的变革趋势。此外，领导者还要对企业的外部环境和内部状况保持敏锐的洞察力，不断寻求改进之道，以引领企业获得更大的成功。

首先，对领导者而言，持续学习是关键。领导者可以通过阅读图书、参加培训、与行业专家交流、深入实践等方式不断充实自己。在学习的过程中，领导者会面临新的问题和挑战，从而产生好奇心，不断探索和创新。领导者不要自大地认为自己已经无所不知，而是要明白知识的海洋是无边无际的。

其次，领导者要勇于尝试新事物。领导者应摆脱传统和常规方法的束缚，敢于涉足陌生的领域，尝试新的方法。尽管可能会遭遇失败，但每一次尝试都是一次宝贵的学习和成长的机会。在尝试的过程中，好奇心会促使领导者去探索、去发现，从而找到新的突破点。

再次，领导者应养成提问的习惯。一个好的问题往往比答案更有价值。领导者应持续对企业的现状及自身做出的决策进行质疑，通过提问寻找原因与挖掘潜在机遇。这个过程不仅是好奇心的体现，更是推动企业进步的重要动力。

最后，领导者需要关注行业动态和社会变化。世界在不断发展和变化，只有时刻保持敏锐的洞察力，领导者才能捕捉到那些可能影响企业发展的趋势和机遇。好奇心会驱使领导者深入了解这些变化背后的原因，从而提前做好准备。

此外，领导者应与背景各异的人交往，以激发自己的好奇心。通过与他们交流，领导者可以汲取他们独特的见解，从而拓宽视野，认识到世界的多样性。从他们的故事和观点中，领导者还能发现新的思考角度和解决问题的思路。

例如，在探讨首席执行官所需要具备的关键特质时，戴尔公司首席执行官迈克尔·戴尔认为好奇心至关重要。迈克尔·戴尔深知，好奇心为创新提供了源源不断的动力，同时也是激发员工的潜能的关键要素。在瞬息万变的市场环境中，有好奇心的领导者能够洞察商机，降低潜在风险，在竞争中保持优势。

为了培养好奇心，迈克尔·戴尔不仅自己保持开放的心态，还鼓励员工勇于提问、敢于质疑。他相信，只有不断地提出问题，才能发现新的可能性，进而推动企业不断进步。

总之，成长为卓越领导者并永远保持好奇心，需要领导者不断地努力和实践。这是一个持续的过程，领导者应在心态、行为和习惯上不断地进行自我调整和提升。

1.3.2 保持"饥饿感"

法国著名思想家、文学家罗曼·罗兰说："懒惰是很奇怪的东西，它使你以为那是安逸，是休息，是福气，但实际上它所给你的是无聊，是倦怠，是消沉。它剥夺你对前途的希望，割断你和别人之间的友情，使你心胸日渐狭窄，对人生也越来越怀疑。"

在招聘新员工时，华为尤为注重候选人的成长背景，更青睐出身寒门的毕业生。公司创始人任正非强调，人力资源部门应更多招聘来自经济不发达省份的毕业生。他认为，家境贫寒的员工对改善自身的生活条件有着强烈的意愿，这种意愿将激励他们去发扬艰苦奋斗的精神。

华为倡导一种充满"饥饿感"的企业文化。公司创始人任正非坚信，对广大基层员工而言，"按劳取酬，多劳多得"的原则是最为现实的工作原则。华为的员工之所以能够保持超乎寻常的活力与能量，根源在于他们内心所具有的"饥饿感"，也可以说是一种"短缺"的心理状态。

在华为，如果中层领导者无法有效团结员工、履行职责、维持士气，并且自私自利，那么将面临调岗或降职的处罚。但只要他能积极改进，提升工作热情，在经过全方位的评估后达到合格标准，就有机会重回管理岗位。

华为对管理层实施严格的选拔制度，每年至少有 10% 的领导者需要转岗为普通员工。对于表现不佳的领导者，华为会为他们提供培训，让他们进行全日制的学习，以实现提升。如果这些领导者在参加培训后考试不合格或没有被任何部门录用，则需要继续学习，其工资将会被降低。再次不合格者，工资会再次被降低。华为要求领导者的平均年龄要逐年降低，为年轻人提供更多的晋升机会。对此，领导者需要保持警惕，以免被淘汰。

在华为，高层领导者享有相对较高的薪酬待遇，年度分红也很丰厚。然而，财富对他们而言不是最重要的，最重要的是强烈的事业心和使命感。这是一个已完成物质原始积累的精英团队，推动他们每日不懈奋斗的是一种精神力量，即源于本能的对事业的热爱，而非其他因素。

总之，保持"饥饿感"是成长为卓越领导者的关键。"饥饿感"是推动领导者不断进取、超越自我的内在力量。只有始终保持"饥饿感"，领导者才能在领导员工的征程中不断创造奇迹，引领企业走向更加辉煌的未来。

1.3.3 满含活力和热情

优秀的领导者应充满活力和热情，以领导员工战胜困难，迎接挑战。领导者展现出积极进取的精神风貌，能够让员工领略到其魅力。此外，卓越领导者还需要具备鼓舞员工士气的能力，以激发员工的热情与动力，让他们满怀信心地迎接挑战，从而提升工作效率及质量。卓越领导者满含活力和热情的意义主要体现在以下四个方面，如图 1-3 所示。

1. 激发员工的工作积极性
2. 提升员工的工作满意度
3. 构建积极的企业文化
4. 增强企业的核心竞争力

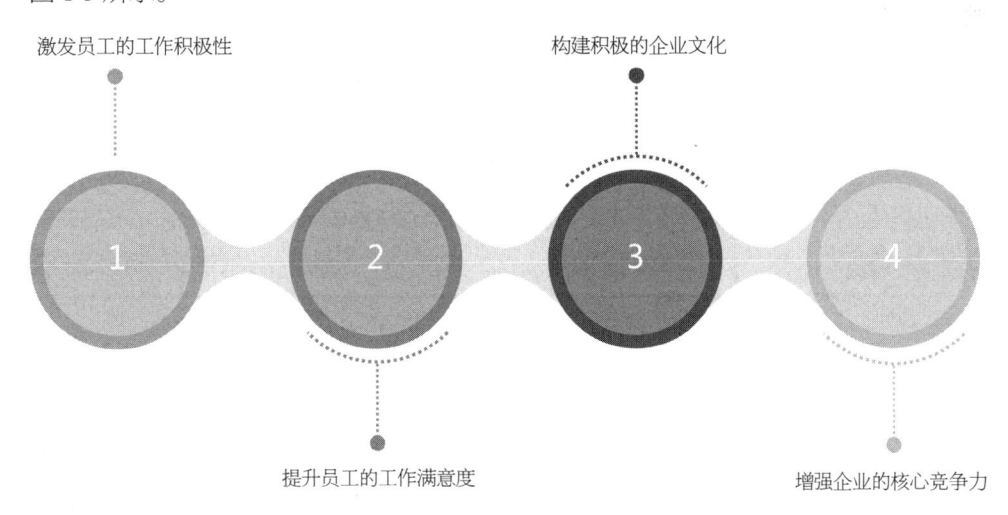

图 1-3 卓越领导者满含活力和热情的意义

（1）激发员工的工作积极性。领导者满含活力和热情，能够激发员工的工作积极性，提高员工的工作效率和工作质量。

（2）提升员工的工作满意度。领导者满含活力和热情，能够提升员工的工作满意度，从而提高员工的归属感、忠诚度和幸福感。

（3）构建积极的企业文化。领导者满含活力和热情，有助于构建积极的企业文化，培养企业的正能量和向心力，提高企业的凝聚力。

（4）增强企业的核心竞争力。领导者满含活力和热情，能够提高企业的核心竞争力和创新能力，推动企业不断发展壮大。

例如，某位领导者每天出现在办公室时都精力充沛，对每一个项目都充满热情。他会亲自参与到基层工作中，用自己的活力带动员工的工作积极性。他对员工的每一个小进步都表现出极大的肯定，让员工感受到自己的努力是被看到和重视的。在他的影响下，整个团队焕发出勃勃生机。

总之，满含活力和热情是卓越领导者的重要特质。拥有活力和热情，领导者能够在领导之路上勇往直前，带领员工创造辉煌的业绩，实现企业的宏伟目标。满含活力和热情令领导者真正成为引领企业披荆斩棘的卓越领袖。

1.3.4　雷军为什么可以成为"劳模"

雷军历经三年的奋斗，成功执掌金山公司并担任总裁一职。此后，他又历经八年的辛勤耕耘，不仅塑造了一支出类拔萃的员工队伍，还引领小米公司跻身全球 500 强企业之列。雷军荣获"劳模"称号，背后是他卓越的领导才能的体现。

首先，雷军展现出卓越的独立思考的能力。在他的事业达到巅峰，即金山公司成功上市之际，他做出了一个惊人的决定——辞去金山公司总裁的职位，毅然决然地踏上了新的创业征程。这背后，是他勇于挑战传统、坚持自我革新的决心，以及他运用批判性思维审视历史、以开放心态拥抱未来的智慧。他紧紧把握住互联网时代的机遇，最终缔造了如今的小米帝国。

其次，雷军始终坚守自我，无畏压力。在辞任金山公司总裁后，他不再是焦点人物，面临着来自四面八方的怀疑与不解。尽管如此，他依旧选择采用看似"笨拙"的方法，以顽强的意志力，将大部分精力投入到寻觅杰出人才上。正是这种不懈的追求，使他得以汇聚七位志同道合的合作伙伴，并在短短五年里，让小米公司迅速成长为业界新星。

最后，雷军展现出卓越的自省能力和灵活的适应性。他的名言——"在风口上，猪也能飞起来"已经成为很多创业者心中的信条。作为一位领导者，他能够迅速适应变革并抓住机遇，主动调整思维模式和理念，擅长借助外部环境的变化来促进企业的成长。

雷军具有明确的目标定位与宏大的愿景，这是其成功的强大驱动力。他深刻地理解小米公司肩负的使命——让每个人都能享受科技带来的美好生活，坚守"用户优先"的原则，借助互联网前沿技术不断推动产品的革新与进步，致力于让科技的便利触及每一个人。

此外，雷军还以身作则，极大地激发了员工的斗志。尽管身为互联网领域的杰出代表和上市公司的 CEO（Chief Executive Officer，首席执行官），但他从未展现出大企业家的傲气，反而在日常工作中虚心向他人请教。在与员工的互动中，他成功打造了一种"胜则举杯相庆，败则拼死相救"的团队精神。

正是这种情怀，使得雷军成为"劳模"，赢得了员工的信任和支持，在创业初期便吸引了众多人才。雷军不仅是一位领导者，更是企业的精神领袖，在他的领导下，员工心甘情愿、充满激情地朝着目标迈进。

第 2 章
塑造价值观：以价值观为原动力

塑造价值观不仅是构建企业文化的重要一环，更是推动企业持续发展的原动力。一家拥有明确价值观的企业更能够在竞争激烈的市场中保持独特的竞争优势，吸引和留住优秀人才，实现长远发展。

2.1 价值观：指导领导者敬业

价值观在企业发展中起着举足轻重的作用，它如同指南针，指导领导者敬业，让领导者在工作中始终保持正确的方向。

2.1.1 价值观与承诺

在个人职业发展中，价值观与承诺起着至关重要的作用，它们共同指导着领导者敬业精神的形成与展现。

价值观是领导者对是非、善恶、重要与否的评判标准。当领导者的价值观与工作的理念和目标相契合时，领导者便会产生强烈的认同感和归属感。这会促使领导者更加投入地工作，因为他们深知自己所做的事情是符合内心价值追求的。一位拥有清晰、积极价值观的领导者，会在工作中坚守道德底线，追求卓越品质，为了实现更高的价值目标而不懈努力。他们的每一个决策和选择，都是基于正确的价值观做出的，这样才能确保自己始终沿着正确的方向前进。

承诺则是领导者对工作、员工、企业所发出的郑重誓言。领导者做出承诺，意味着他愿意承担相应的责任，全力以赴地履行自己的职责。一般来说，领导者的承诺不仅应体现在口头上，更应落实在行动上。它使领导者在面临困难和挑战时，能够坚定不移地前行，不轻言放弃。承诺让领导者在工作中保持专注和坚韧，为实现所承诺的目标而不懈奋斗。

当价值观与承诺相互融合时，便凝聚成一股强大的力量，推动领导者更加敬业。他们因坚持正确的价值观而热爱工作，因做出承诺而全力以赴。领导者会以敬业的态度对待每一项工作任务，并力求做到最好。在这个过程中，领导者会不断提升自己的能力和素质，实现个人的成长与进步。

总之，价值观与承诺对领导者敬业精神的塑造和彰显起着重要的作用。它们让领导者明确自己的追求和责任，激励领导者在工作中追求卓越、不断超越自我。

2.1.2 如何塑造价值观

价值观是一个人的经历、家庭、文化背景、信仰、性格等多重因素综合作用的结果，因此呈现出个体差异。在个人的职业发展中，价值观至关重要。它不仅有助于个体深入洞察内心的需求，为工作决策和日常行为提供指导，还有助于个体确定职业生涯的发展方向。图 2-1 所示为在职业发展中塑造价值观的四个途径。

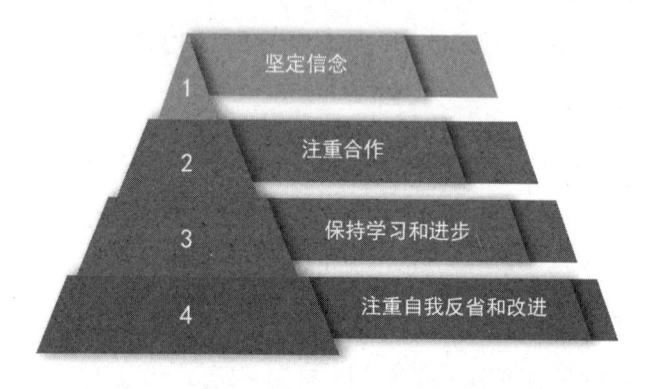

图 2-1 在职业发展中塑造价值观的四个途径

1．坚定信念

在职场中，领导者时常面临各种困境与挑战，对此，领导者务必坚定信念，不要轻易言败。只有坚定信念，领导者才能在面对困境与挑战时从容不迫，并积极寻找解决问题的方法。此外，坚定信念也有助于领导者在职场中获得他人的信任与敬意。

2．注重合作

在职场中，协同合作的重要性不言而喻。领导者要善于与他人携手，发挥各自的长处，共同完成工作任务。在协作的过程中，领导者要尊重他人的观点，强化沟通与协调，从而提高企业的整体运作效率。

3．保持学习和进步

职场环境不断变化，领导者应保持持续学习和进步的姿态，不断提升自身的综合能力和品质。只有不断求知，领导者才能紧跟时代发展的步伐，在职场竞争中始终保持优势。

4．注重自我反省和改进

在职场中，领导者应不断进行自我反省，审视自己的工作表现与言行举止，进而发现潜在的不足，并积极改进。只有持续自我反省和改进，领导者才能在职场上实现不断成长与进步。

树立正确的价值观对领导者的职业发展具有重大意义。领导者需要坚定信念、注重合作、保持学习和进步、注重自我反省和改进，以不断提升个人的素养和能力，更好地实现职业抱负，推动职业生涯的全面、持续发展。

2.1.3 固化价值观：适当教育

通过提供系统的教育课程，企业可以深入地向领导者讲解与敬业相关的价值观内涵及其重要性。例如，开展职业道德培训课程，详细剖析诚信、责任、进取等价值观在工作中的具体体现和意义，让领导者从理性层面清晰地认识到这些价值观的关键所在。

企业也可以采用案例分析的形式对领导者进行价值观教育。具体来说，企业可以通过呈现实际工作中的各种案例，包括正面的榜样案例和负面的警示案例，引导领导者分析其中涉及的价值观问题，并探讨如何在类似情境中坚守正确的价值观。

小组讨论和互动交流也是有效的教育形式。在小组中，领导者可以分享自己对价值观的理解和感悟，通过和他人思想的碰撞，加深对价值观的认识，并且在交流中找到固化价值观的方法。

导师制在价值观教育中也发挥着重要作用。企业可以为领导者安排经验丰富的导师，导师通过言传身教向领导者传递正确的价值观，并在日常工作中为领导者提供及时的指导和帮助，帮助领导者将价值观真正内化为自己的信念和行为准则。

另外，持续的教育提醒也是必要的。企业应定期推出与价值观相关的复习和强化课程，让领导者始终保持对价值观的清晰认知，避免其在忙碌的工作中逐渐淡忘或忽视践行价值观。

例如，某企业定期召开价值观主题研讨会，领导者会在会上积极发言，分享自己在工作中践行价值观的经历。这进一步强化了领导者及与会者对价值观的理解和坚守，也提升了他们的敬业度。

总之，适当教育是固化价值观的重要方法之一。综合运用多种教育形式，可以有效地帮助领导者将正确的价值观固化在心中，从而在工作中展现出高度的敬业精神和责任心。

2.2 知行合一：践行价值观

价值观是企业的灵魂和精神支柱，指导着企业的决策、行动和发展方向。然而，仅确立价值观是远远不够的，只有在企业运营和员工的日常行动中得到切实的践行，价值观才能起到其应有的作用。

2.2.1 卓越领导者是最好的楷模

著名的领导力大师约翰·麦克斯维尔曾说："领导力就是影响力，不论你身在何处或从事怎样的工作。时代在改变，科技也在不断地进步，文化也因为地域不同而有差异，但是真正的领导原则是恒定不变的。"

卓越领导者无疑是最好的楷模，他们以自身独特的魅力和行为方式为众人树立标杆。卓越领导者往往具备强大的能力和管理的智慧，在面对复杂的问题和挑战时，他们能够迅速而准确地做出决策，展现出非凡的领导力。这种能力让员工对其充满敬佩，激励着员工不断提升自己，向他们看齐。

每年的 9 月 9 日是腾讯的"99 公益日"。在 2022 年"99 公益日"来临之前，为迎接这一重要活动，腾讯向全体员工发布了一封署名为"Pony，Martin 及全体总办"的信。其中，Pony 指的是马化腾，Martin 指的是刘炽平，全体总办指的是包括任宇昕、张小龙等核心高管在内的公司顶层决策机构。

这种署名方式在腾讯的核心文件中频繁出现，在其他企业的核心文件中则相对罕见。腾讯的这种署名方式彰显了其创始人马化腾的领导风格——致力于将企业打造为民主、平等、多核驱动，并由合伙人共同治理的企业。

例如，腾讯联合创始人最早实行民主决策机制的场合是"鸡煲饭会议"，开"鸡煲饭会议"是他们在简易大排档就公司重大事项进行讨论的方式。

在马化腾推出网络游戏项目时，张志东和曾李青曾反对。经协商，腾讯启动网络游戏项目。腾讯的民主决策机制持续发挥作用，通过总办会议实现。马化腾通过引导，推动核心决策层达成共识。

在处理离职员工的问题上，马化腾展现了很大的包容度。以张志东、曾李青和陈一丹三位已退休的联合创始人为例，马化腾在腾讯总部为他们保留了办公室，并授予他们"终身荣誉顾问"的称号。同时，陈一丹仍担任腾讯公益慈善基金会荣誉理事长，这充分展示了腾讯对社会责任和公益慈善事业的高度重视。对于中基层员工，马化腾在腾讯内部推行了一种回归机制，大力倡导曾离职的员工重返公司，这一做法在业界实属独特。

在马化腾的引领下，腾讯不仅成为一家技术领先、业务广泛的互联网企业，更成为一家具有社会责任感、关注公益事业的企业。他深知，企业的成功不仅源于对经济利益的追求，更源于企业对社会、人类的贡献。因此，他积极推动腾讯在公益慈善领域加大投入，通过技术和平台的力量，为社会的进步和发展做出贡献。

马化腾的领导风格还体现在他对员工的关爱与尊重上。他深知，员工是企业最宝贵的资源，只有使员工体会到企业的温暖与关切，才能激发他们的工作热情与创新能力。因此，他始终坚持以人为本的管理理念，注重员工的成长和发展，为他们提供良好的工作环境和福利待遇。

得益于马化腾的这种领导风格，腾讯成长为一家备受尊敬和信赖的企业。马化腾的卓越领导力和人格魅力，使其不仅赢得了员工的信任和尊重，还赢得了社会的认可和赞誉。

2.2.2 直面风险：以价值观领导员工

被誉为"经营之圣"的稻盛和夫曾表示，以价值观领导员工，能让员工在面对困难时采取一致的行动，勇往直前。在这个充斥着不确定性及意外风险的时代，领导者以明确的价值观领导员工变得尤为关键。面对突发状况，明确且坚定的价值观能为员工提供行为准则与方向，使他们深知在复杂环境中应遵循何种原则与标准。

在小米公司辉煌业绩的背后，其领导者敢于直面风险的精神发挥了重要作用。由此可见，领导者勇敢应对风险能为企业带来更为广阔的发展空间。

领导者直面风险是企业创造可观效益的关键。经济环境和市场需求复杂多变，企业在发展过程中需要面对各种挑战。领导者拥有直面风险的能力，不仅为企业未来的高速发展提供了有力保障，还为处于竞争中的企业赋予独特的优势。

高收益通常伴随着高风险，这是亘古不变的定律。在商品同质化严重的今天，领导者如果想带领企业脱颖而出，就要勇于尝试。然而，研发新产品往往伴随着很高的试错风险。如果企业没有承担试错成本的能力，就可能错失将新产品推向市场、获取丰厚利润的契机。那些敢于直面风险的领导者，通过持续不断的尝试与创新，往往能够捕捉到新的发展机遇，使企业获取高额收益。

领导者敢于直面风险，就有可能使企业获得竞争优势。在竞争对手还在生产同质化产品时，如果企业能推出具有创新性的产品，那么这款具有创新性的产品就会受到客户的青睐。凡勃伦效应表明，消费在某些情况下仅是一种炫耀的行为。因此，领导者要敢于直面创新风险，通过研发生产出符合客户偏好的产品，满足客户对个性化差异的需求，从而使企业获得丰厚的利润和较高的市场占有率，最终赢得竞争优势。

直面风险不是一件轻松的事，由此产生的亏损很可能会对企业的正常运营造成严重影响。为了有效应对并降低风险，领导者可采取以下方法，如图 2-2 所示。

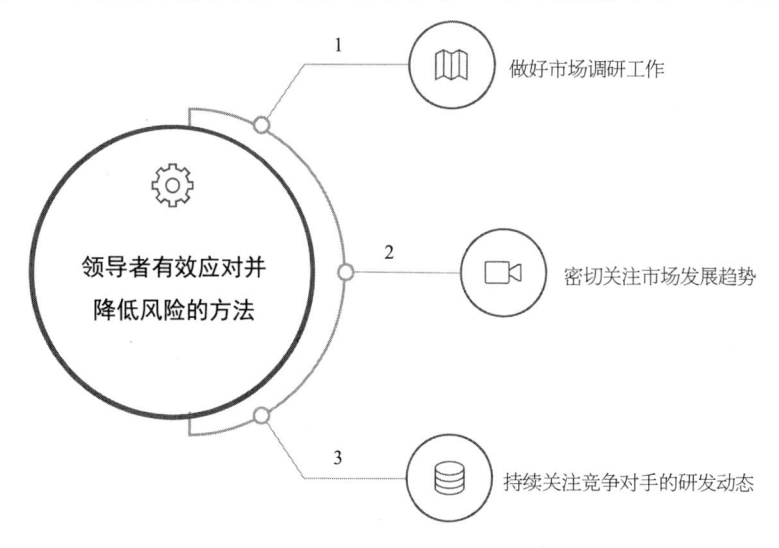

图 2-2　领导者有效应对并降低风险的方法

首先，领导者在做出决策之前要做好市场调研工作，深入探究客户的痛点和爽点，通过运用抽样调查的方法来获取他们对现有产品的看法和建议。其次，在决策过程中，领导者应避免闭门造车，要密切关注市场发展趋势，了解客户偏好的变化，从而及时对执行方案进行调整。最后，领导者应持续关注竞争对手的研发动态，以识别自身产品的优势与短板。正所谓"知己知彼，百战不殆"，只有全面了解市场和竞争对手，企业才能在竞争中立于不败之地。

2.3 通过共同价值观提升影响力

共同价值观不仅是企业文化的灵魂，更是凝聚员工力量、塑造企业形象、推动企业持续发展的核心动力。正如江西铜业集团有限公司所展现的那样，将共同价值观深植于企业文化中，不仅促进了企业战略管理与运营管理的协同进步，还在员工心中播下了忠诚、敬业、创新的种子，让每一位员工都成为企业发展的积极参与者和坚定支持者。

2.3.1 领导者价值观+员工价值观+企业价值观=共同价值观

在当今这个快速变化的时代，企业的成功不仅依赖于其市场策略、技术创新或资金实力，还依赖于能够支撑其长远发展的文化体系。这种文化体系即共同价值观，由领导者价值观、员工价值观和企业价值观三部分构成。共同价值观是领导者、员工与企业三者之间理念的交汇点，为企业发展指引着方向，确保企业能够稳健前行。

1. 领导者价值观：引领方向

领导者是企业的掌舵人，其价值观是企业文化的灵魂。具有远见卓识的领导者，往往能够将自己的价值观融入企业的战略规划与日常管理中，他们通过自己的行为和决策，为员工设定道德标准和行为准则。

领导者价值观体现在其对社会责任的担当、对创新的不懈追求、对公平正义的坚守等多个方面。领导者的言行举止，不仅影响着企业的战略方向，还影响着员工的行为和工作态度。例如，领导者强调诚信经营，这种价值观会渗透到企业的各个层面，影响员工的行为和工作态度。

2. 员工价值观：活力的源泉

员工是企业的重要组成部分，是企业发展的直接参与者和受益者。每位员工都有自己的信念、追求和梦想，因此员工的价值观具有多样性。企业应当重视员工价值观的多样性，通过采取有效的沟通和激励机制，促进员工价值观与企业价值观的深度融合。

员工价值观在相互碰撞与融合中逐渐汇聚成一股强大的力量，是企业活力的源泉。当员工价值观与企业价值观相契合时，员工会更投入地工作，为企业的发展贡献自己的智慧和力量。

3. 企业价值观：凝聚共识的纽带

企业价值观是企业文化的核心，是对领导者价值观与员工价值观的高度概括和提炼。成熟的企业价值观，能够跨越层级、部门乃至国界，将全体员工紧密地团结在一起。

通过明确企业价值观，企业能够向外界展示出清晰、一致的形象，提升品牌影响力和社会认可度。同时，企业价值观也是企业持续发展的重要保障，它能够在企业面对挑战和困难时，为企业提供坚定的信念和前进的动力。

领导者价值观、员工价值观与企业价值观融合，就形成了共同价值观。但共同价值观的形成并不是一蹴而就的，而是一个动态的过程，需要企业及其员工长期的努力与探索。首先，领导者应发挥表率作用，通过自身的言行传递积极、正面的价值观；其次，企业应建立健全沟通机制，鼓励员工表达自己的想法和意见，促进企业价值观的优化和完善；最后，企业应通过制度建设和文化建设，将共同价值观融入日常运营中，使之成为全体员工共同遵循的行为准则。

总之，领导者价值观、员工价值观与企业价值观的和谐共生，是企业持续健康发展的关键所在。将三者相互融合，使其相互促进，能够促使企业在激烈的市场竞争中立于不败之地，实现基业长青。

2.3.2　将共同价值观根植于企业文化

在当今竞争激烈的商业世界中，领导者如果想让企业保持长久的生命力与竞争力，就要重视共同价值观的塑造，并将其深深根植于企业文化。

将共同价值观根植于企业文化，首先需要领导者的高度重视和积极推动。领导者应以身作则，用自己的言行诠释和践行共同价值观，为员工树立榜样。具体来说，领导者可以通过各种方式，如会议、培训、沟通等，不断向员工传播和强化共同价值观的重要性，让员工在内心深处认同并接纳共同价值观。

企业文化为共同价值观的落地提供了肥沃的土壤。在积极向上、开放包容的文化氛围中，员工可以自由地表达观点、发挥才能，同时也能感受到企业对他们的尊重和关怀。基于这样的企业文化，共同价值观不再是空洞的口号，而是切实体现在日常工作的每一个细节中。例如，在诚信价值观的引领下，员工对待客户真诚守信，对待合作伙伴言出必行；在创新价值观的驱动下，员工勇于尝试新方法、新技术，不断推动企业发展。

培训和教育是推动共同价值观落地必不可少的环节。领导者可以定期开展培训、团队建设等活动，让员工深入理解共同价值观的内涵和意义，明白如何在工作中践行共同价值观。同时，领导者可以将共同价值观纳入员工考核体系中，对表现突出的员工给予奖励和表彰，以激励更多的员工积极践行共同价值观。

此外，领导者还可以通过一些具体的举措来强化共同价值观。例如，举办主题活动，让员工分享自己践行共同价值观的故事和经验；设立企业内部奖项，奖励那些在践行共同价值观方面表现卓越的团队或个人；将共同价值观融入企业的视觉识别系统、宣传资料等中，使其无处不在，时刻提醒员工要践行共同价值观。

当将共同价值观真正根植于企业文化时，企业将拥有强大的凝聚力和战斗力。员工会为了实现共同的理想和目标而努力奋斗，即使面对困难和挑战，也不会轻易退缩。企业也能在市场竞争中展现出独特的优势，赢得客户的信赖和支持，实现可持续发展。总之，将共同价值观根植于企业文化，是企业走向成功的关键一步，对此企业应高度重视。

2.3.3 江铜集团：以共同价值观影响企业

江西铜业集团有限公司（简称"江铜集团"）将共同价值观的塑造作为核心要点，以企业文化为引领，促进企业战略管理与运营管理的协同进步，并从中提炼和培育出企业价值观。

江铜集团在运营管理层面构建起共同的价值标准。江铜集团以加强集团管控为宗旨，通过实施改革创新举措，推动战略转型，从而提升运营管理的水平，并在运营管理领域构建起共同的价值标准。江铜集团遵循"优化管理流程，提高管理效益"的核心理念，对集团管控模式进行全面改进，明确总部及二级单位的权责范围与职责边界，整顿管理秩序，确保企业稳定、高效地运作。江铜集团还对总部组织机构的职能进行优化调整，梳理业务与管理流程，科学设定岗位，合理确定编制，实现岗位评价与岗位职级的划分。

江铜集团积极践行"以岗位绩效为导向"的价值观，基于岗位价值初步建立内部公平、外部具有竞争力的薪酬分配体系，以充分体现岗位价值和员工业绩。

江铜集团还以风险管理为价值标准，从组织建设、制度建设、流程完善和考核等方面入手，构建全面风险管理体系。此外，江铜集团以控制运营风险为切入点，实施事前预防、过程控制的风险管理策略，全方位防范战略、财务、运营等五大风险，确保企业持续、稳定、健康地发展。

江铜集团的企业文化建设秉持以人为本的原则，紧密联结员工命运与企业命运，推动员工价值观与企业价值观的有机融合，营造和谐的工作氛围，实现企业发展和员工成长的共赢。

江铜集团将员工的职业化视作一种价值取向，通过发挥专业部门的力量来推动员工职业素质的提高，对员工，尤其是新员工，强化职业观念、职业精神及职业道德的教育，引领员工树立"忠诚、敬业、主动、协作"的职业观念和职业精神。江铜集团还加大员工职业化素养培养力度，引导员工形成"员工形象即企业形象，维护企业形象便是维护自身形象"的理念，凭借高质量的产品让客户满意，依靠优质的服务让客户感动。

江铜集团高度重视员工职业技能培训工作。通过举办奥林匹克竞赛、自主管理、学习型班组创建等方式，江铜集团积极组织劳动竞赛和技能比武活动，培养了众多技艺精湛、技能高超的员工。

第 3 章
勾勒愿景：为企业的发展奠定文化基础

一个精心勾勒的愿景，不仅是企业对未来的美好期许，还是员工共同努力奋斗的精神源泉。它能够在员工心中种下希望的种子，激发无限的创造力。同时，愿景也是企业文化的基石，为塑造独特且富有凝聚力的企业文化奠定基础。

3.1 愿景：让员工知道做什么

在企业的日常运营中，让每一位员工都清晰地知道他们的工作方向和目标，是企业持续发展和壮大的重要基石。愿景犹如一个强大的磁场，吸引着员工心往一处想，凝聚着他们的力量，让他们在为企业做贡献的同时，还能实现个人价值。

3.1.1 定义：什么是愿景

企业的愿景是对企业未来发展趋势与路径的全面阐述，涵盖企业的核心理念及其对未来的展望。愿景的形成源于员工的共同参与，全体员工通过讨论达成一致意见，明确共同努力的方向。愿景管理的核心在于将个人价值观与企业目标相结合，通过确立和实现愿景，构建高效的团队，推动企业取得成功，并最大限度地发挥企业的优势。

在确立愿景之后，企业领导者应向员工进行简洁、明确并富有激情的陈述，以鼓舞员工的士气。同时，领导者应将愿景具体化为企业目标和行动方案，以促进实施。

值得注意的是，企业的愿景并非仅归企业领导者所有，而是全体员工参与构思和制定的结果。

企业愿景的核心在于追求价值的不断提升。传统观念上，企业在开拓新财富领域方面扮演着独特的角色。近年来，随着企业对环境保护和社会责任的日益重视，企业愿景也进一步得到完善，融入了更多关于自然保护和国际责任的理念。在全球化的浪潮下，企业愿景的视野和深度也需要不断拓展。

在领先企业的运营实践中，不乏卓越的愿景。例如，强生公司倡导"关爱全世界，关注每个人"的愿景，小米公司坚持"和用户交朋友，做用户心中最酷的公司"的愿景等。

企业的愿景不仅是企业未来发展的蓝图，还是引领企业不断前行的灯塔。它使企业在面对市场变化和挑战时能够坚定信念，勇往直前。

3.1.2　为什么企业必须有愿景

在瞬息万变的商业环境中，拥有一个清晰、明确的愿景对企业来说至关重要。愿景不仅为企业指明了前进的方向，还为员工提供了共同奋斗的目标，从而凝聚员工的力量，推动企业持续发展。图 3-1 所示从五个角度来分析企业为什么要有愿景。

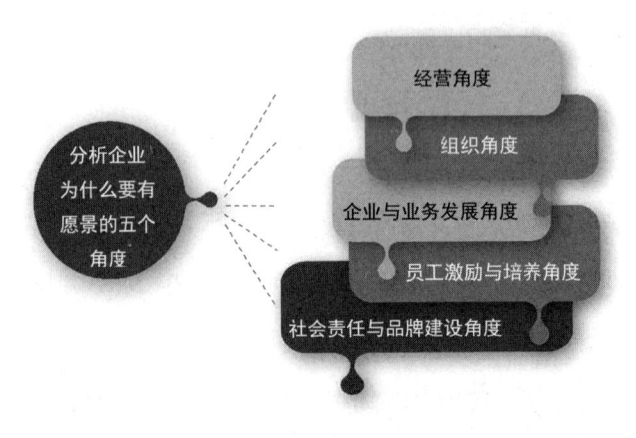

图 3-1　分析企业为什么要有愿景的五个角度

1. 经营角度

愿景是连接战略和外部市场的重要桥梁，同时也是战略规划的基本指导原则。它清晰地勾画出了企业在市场竞争和行业变革中追求的理想成功状态，为企业的长期发展提供了明确的方向。

2. 组织角度

在 VUCA（Volatility，易变性；Uncertainty，不确定性；Complexity，复杂性；Ambiguity，模糊性）时代，外部环境的变化日益加剧。在这样的背景下，企业需要有一个明确的愿景来为发展指引方向，凝聚人心，以应对各种风险和不确定性。

3. 企业与业务发展角度

在创业初期，由于企业的资源相对有限，为了吸引和留住高素质人才，领导者必须具备卓越的愿景领导力。随着企业的发展和市场竞争的加剧，当企业面临替代性技术和业务模式的挑战时，更需要借助愿景来描绘未来的成功蓝图，从而突破困局，实现新一轮的飞跃。

4. 员工激励与培养角度

拥有明确的愿景，企业可以为员工提供一个清晰、可实现的目标。这样的目标不仅能够激发员工的工作积极性和创造力，还能够促使员工不断学习和提升自己的能力。员工能够感受到自己是企业的一部分，从而更加投入地工作，为企业创造更大的价值。

5. 社会责任与品牌建设角度

企业的愿景往往与其所承担的社会责任紧密相连。一个具有远见的愿景不仅能够体现企业的核心价值观和使命，还能够向社会传递正能量和企业的积极形象。这样企业在消费者心中往往更具有品牌影响力和责任感，有利于自身的长期发展。

综上所述，愿景对企业的成功至关重要，是推动企业发展的重要力量。因此，企业应该注重对愿景的勾勒和宣传，确保愿景深入人心，为自身的发展提供强大动力。

3.1.3　能使愿景实现的领导者是如何做的

乔布斯因具有卓越的创新才能、坚定的信念和强大的领导力而广受赞誉，他重塑了苹果公司，使其从一家濒临破产的公司变为全球最具价值的公司之一。

乔布斯在回归苹果公司后，迅速明确了公司的愿景——创造出改变世界的产品。他提出了"数字中枢"策略，预见到个人电脑将成为连接各种数字设备的核心。苹果公司根据这一愿景推出 iPod、iPhone 和 iPad 等一系列颠覆性产品。

乔布斯擅长将愿景转化为有价值的信息，并通过多种渠道传达给员工与公众。他在 Macworld 大会上不仅进行演讲、发布产品，还描绘愿景、激励人心。乔布斯的激情与对完美的追求感染了员工，激励他们为共同目标的实现付出更多的努力。

乔布斯不仅为苹果公司勾勒了宏伟的愿景，还有着将愿景转化为具体行动的执行力。他精简了苹果公司的产品线，专注于少数核心产品，确保每一款产品都能达到最高的品质标准。乔布斯对细节的执着追求，体现了他在执行层面的严格要求。

乔布斯推动了苹果公司内部创新文化的形成。他鼓励员工挑战现状，不断寻求突破。在这种文化的熏陶下，苹果公司的研发团队敢于尝试新技术，不怕失败，最终推出了一系列颠覆性产品。

乔布斯懂得如何组建一支高效的人才队伍。他聘请了一群才华横溢的人，并给予这些关键人才足够的自主权，让他们在自己的领域内发挥出最大的潜力。

乔布斯的案例表明，一个能够实现企业愿景的领导者，不仅要清楚愿景是什么，还要有能力将其转化为具体行动，并通过有效的沟通、团队建设和执行力将其变为现实。

3.2　勾勒愿景的步骤是什么

领导者勾勒愿景通常需要经过两个重要的步骤。第一步是大胆构想与共创。这意味着领导者要有勇气突破常规，以创新的思维和广阔的视野去设想企业未来发展的可能性。第二步是领导者与员工达成共识。领导者仅有大胆的构想是不够的，如果无法让员工真正理解、认同并接受愿景，那么愿景只是空中楼阁。

3.2.1　第一步：大胆构想与共创

领导者勾勒愿景的第一步是大胆构想与共创。领导者需要有大胆、振奋人心、超越现实、具有前瞻性和吸引力的想法。它可以是企业未来的宏伟目标、独特的市场定位，还可以是能够带来重大变革的创新理念。领导者可以从以下几个方面大胆地构想愿景。

1．行业趋势与未来洞察

领导者应当全面审视所在行业的发展趋势，包括技术革新、消费者行为变化、政策导向等。基于这些洞察，领导者要构想企业如何适应并引领这些变化，成为行业领导者或创新者。

2．客户需求与痛点

领导者应以客户为中心，深入理解并预测客户未来的需求和未得到满足的痛点。愿景应体现企业如何持续创造价值，解决客户问题，提升客户体验，从而建立深厚的市场基础。

3．核心竞争力与差异化

领导者要明确企业的核心竞争力，核心竞争力是指那些使企业在市场上脱颖而出的独特能力或资源。勾勒愿景应围绕如何进一步强化这些核心竞争力，探索新的差异化领域，以保持企业的竞争优势而进行。

4．社会责任与可持续发展

在当今社会中，企业的社会责任与可持续发展越来越受到重视。愿景可以包括企业在环境保护、社会公益、经济贡献等方面的承诺和目标，展现企业的社会责任感和长期价值追求。

5. 全球化视野

在全球化背景下，企业的愿景应具有国际化视野。领导者应考虑如何在全球范围内整合资源、拓展市场、提升品牌影响力，以及如何在跨文化环境中有效运营和与其他企业沟通。

6. 企业文化与价值观

愿景应与企业的文化与价值观紧密相连。愿景的传播和实践可以强化企业的文化认同感和凝聚力，为企业的长远发展奠定坚实的基础。

7. 灵活性与适应性

在快速变化的市场环境中，愿景应具有足够的灵活性和适应性。企业应保持敏锐的市场洞察力和快速的决策能力，以便在必要时调整战略方向，始终朝着正确的目标前进。

在大胆构想愿景后，领导者还要与其他高层管理人员共创愿景。只有让他们亲身参与愿景的创作，才能确保他们对愿景具有认同感和归属感，进而激发他们为之奋斗的积极性。领导者在引导高层管理人员共创愿景时，可按照以下三个步骤进行。

（1）进行深度挖掘。领导者可以通过各种途径，了解其他高层管理人员关注的事物和内心的渴求。例如，领导者可以与其他高层管理人员沟通交流，了解他们对物质回报的期望和所追求的人生意义。

（2）制定会议规范。领导者可以组织一场开放的会议，设定明确的会议规范。这样能够确保在讨论过程中所有高层管理人员都有均等的发言权，每个人都能积极参与，充分表达自己的观点和想法。

（3）构建讨论框架。领导者应在会议开始前设计好讨论框架。首先，领导者宣布构想出来的愿景并讲述其背景和依据，让其他高层管理人员了解愿景的来源和合理性。其次，领导者与其他高层管理人员共同商讨实现愿景需要完成的具体任务，将大目标分解为可操作的小目标。最后，领导者与其他高层管理人员共同规划完成这些任务的路径和策略，探讨可能遇到的问题及其解决方案。

通过上述步骤，领导者能够初步勾勒出愿景。这样的愿景更具可行性、激励性和凝聚力，能够为整个企业的发展指明方向，并提供源源不断的动力。

例如，某互联网公司面临市场竞争加剧和业务增长趋于平缓的双重挑战。为了探索新的发展道路和突破点，公司 CEO 决定携手高层管理人员共同规划未来的愿景。

在一次高层战略研讨会上，CEO 率先提出了一个具有前瞻性的愿景：构建一个全球领先的智能生活服务平台，通过高效整合线上线下资源，为用户提供便捷、个性化和智能化的服务体验。此愿景并非无的放矢，而是建立在对行业发展趋势的精准把握，以及对公司现有核心竞争力的深入分析之上的。

CEO 坚信，随着科技的日新月异和客户需求的不断升级，智能生活服务领域蕴含着巨大的成长潜力。而公司在技术研发、用户基数和合作伙伴关系等方面已经奠定了坚实的基础，具备在该领域取得显著成就的能力。

在 CEO 提出愿景后，此愿景引发了高层管理人员的深入讨论。他们纷纷从自身的专业背景出发，提出了多元化的见解和建议，为公司未来的发展贡献智慧。

市场部门负责人指出，为达成既定愿景，公司需要深度洞察用户需求，强化市场调研及品牌推广，提升自身在目标市场中的认可度与影响力。产品研发部门负责人表示，公司将加大在人工智能、大数据等前沿技术领域的投资，持续优化产品功能及用户体验，以满足用户对智能化服务的需求。运营部门负责人着重强调了构建高效供应链与服务体系的重要性，确保公司能够迅速、精准地响应市场及用户的需求。人力资源部门负责人聚焦如何吸引并留住优秀人才，为公司愿景的实现提供坚实的人力资源保障。

经过多轮深入讨论和思想碰撞，高层管理人员最终达成共识，并对该愿景进行了完善。他们明确了公司未来的发展方向，即致力于成为智能生活服务领域的领军企业，通过技术创新和优质服务，为用户创造更多价值。

3.2.2　第二步：领导者与员工达成共识

勾勒愿景的第二步是领导者与员工达成共识。这一步至关重要，员工只有对愿景理解和认同，才能齐心协力地朝着目标前进。

首先，有效地沟通是达成共识的基础。领导者需要创造开放、透明的沟通环境，让员工能够自由地表达自己的想法和观点。领导者可以通过定期召开会议、一对一交流等方式，与员工进行深入的探讨。在沟通时，领导者要确保传递的信息清晰，避免其内容模糊或有歧义。

为了深化员工对愿景的理解，领导者应采用多样化的传递方式。除了口头表达，领导者还可以结合图像、故事、案例等，使愿景更具体、更生动，从而更容易被员工理解和认同。

此外，积极鼓励员工参与讨论和反馈同样至关重要。每个员工都有其独特的见解和经验，领导者应尊重并倾听他们的声音。领导者可以组织小组讨论、头脑风暴等活动，激发员工的创造力和活力。在这个过程中，领导者应保持开放的心态，积极接纳不同的意见和建议，并根据员工的反馈及时对愿景做出调整和改进。

同时，促进员工之间的互动和交流也是达成共识的重要手段。一个成员相互了解、互相信任的团队更容易在愿景上达成一致。领导者可以组织团队建设活动，如户外拓展、团队聚餐等，让员工在轻松愉快的氛围中增进了解和信任。

领导者在与员工达成共识的过程中，难免会遇到挑战和障碍。例如，员工可能对愿景存在疑虑或担忧，或者员工的个人目标与愿景不完全契合。此时，领导者需要耐心解答员工的疑问，消除他们的顾虑。同时，领导者要深入了解员工的个人目标，寻找其与愿景的结合点，使员工的个人目标与愿景相互融合，让员工认识到实现愿景也能促进个人的成长和价值实现。

为了确保员工对愿景的持续认同，领导者还需要建立相应的跟进和评估机制，定期关注愿景的实现进展，与员工共同评估其是否朝着预期的方向前进。如果发现有偏离或需要调整，领导者应及时与员工沟通并进行修正，确保愿景始终具有灵活性和适应性。

总之，领导者与员工达成共识是勾勒愿景的关键一步。领导者通过有效的沟通、积极的引导及持续的跟进，能够让员工真正理解、认同愿景并致力于实现愿景。这样有助于提升企业的凝聚力和战斗力，为实现企业的目标奠定坚实的基础。

以某互联网公司为例，其领导者首先通过召开全员大会全面阐述了公司的长期发展目标和规划，勾勒了公司的愿景。然后，组织各部门进行小组讨论，鼓励员工分享对愿景的理解和看法。在倾听员工看法的过程中，领导者积极采纳合理的建议，并对愿景进行了必要的调整和完善。

此外，领导者还邀请了行业内的专家来公司举行讲座，帮助员工更深入地了解行业发展趋势和实现公司愿景的可行性。在日常工作中，领导者会定期与员工沟通愿景的实现进展，根据实际情况对愿景进行调整和优化。通过采取这些措施，领导者与员工对愿景达成了高度的共识，员工的工作积极性和效率显著提升，为公司的发展注入了强大的动力。

3.3 同频进阶：成就企业与员工

领导者建立一个高效、协同的团队并非易事，它要求员工在认知、目标、沟通和文化等多个层面上实现同频共振。这能够助力企业打造出真正高效、创新的团队，从而在激烈的市场竞争中脱颖而出。

3.3.1 认知同频：输出一致的价值观

认知同频指的是员工在价值观方面达成一致。如果员工在认知水平和思维方式上未能达到一定的契合度，那么在沟通交流和其他各个方面都可能出现不畅的情况。认知同频对企业的重要性如图 3-2 所示。

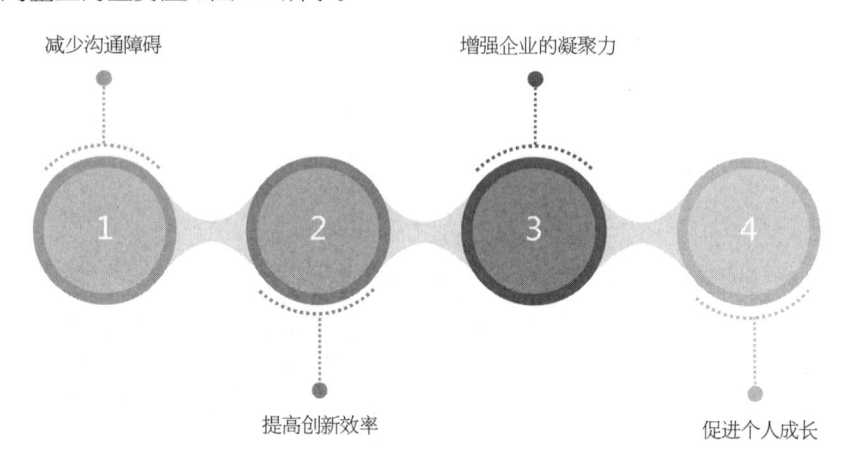

图 3-2　认知同频对企业的重要性

1．减少沟通障碍

在认知同频的基础上，员工更容易理解彼此的想法和需求，从而降低沟通成本，改善沟通效果。这有助于避免因误解和误判导致决策失误和执行偏差。

2．提高创新效率

员工在对企业的目标、价值观及工作方法达成共识的基础上，能更积极、主动地进行创新。认知同频使得员工能够在同一个频率上思考和交流，从而提高创新效率。

3．增强企业的凝聚力

认知同频有助于员工形成共同的目标和价值观，从而增强企业的凝聚力。在面对挑战和困难时，员工能够团结一致，共同应对问题，推动企业发展。

4．促进个人成长

在认知同频的企业中，员工能够接触到不同的思维方式和观点，这有助于拓展员工个人的视野，提高其认知水平。在协作过程中，员工能够更好地发挥自己的优势，实现自我价值。

总之，认知同频是员工协同创新的重要前提。通过减少沟通障碍、提高创新效率、增强企业的凝聚力和促进个人成长，认知同频能够推动企业实现高效协同。实现认知同频，需要企业领导者在沟通、知识管理和氛围营造等方面下功夫，从而为企业的创新和发展奠定坚实的基础。

3.3.2 目标同频：避免目标偏差

在很多企业中，存在一个普遍的现象，即员工对企业既定目标的理解存在偏差。面对这种情况，领导者的核心职责便是推动员工在目标认知上高度统一。

假设企业设定的目标是实现 1000 万元的收益，如果员工未能深入理解自己的工作与这个目标之间的紧密联系，或者对目标的理解存在偏差，那么实现这个目标就很难。

为了实现目标协同，领导者需要确保员工对目标有清晰、准确的认识。在团队会议上或沟通交流中，领导者不仅需要详细阐述目标的具体指标与预期成果，还需要深入剖析目标对企业发展的重大意义，以及每个员工在目标实现过程中的关键作用。

领导者可以通过制订详细的目标分解计划，将目标分解为各个部门和员工的具体任务。这样每个员工都能明确自己在目标实现过程中的职责和任务。同时，领导者还要建立有效的沟通机制，鼓励员工进行交流、分享经验和共同解决问题，以确保目标能够顺利实现。

此外，领导者还需要关注员工的激励和动力问题。只有当员工意识到他们的努力与目标紧密相连，并且能够获得相应的回报和认可时，他们才会更加积极地投入到工作中。

总之，领导者通过确保员工对目标有清晰、准确的认识，制订详细的目标分解计划、建立有效的沟通机制，以及关注员工的激励和动力问题，可以推动企业朝着既定目标不断前进，并最终实现愿景。

3.3.3　沟通同频：以解决问题为关键点

在团队协作中，沟通的重要性毋庸置疑。然而，员工想要表达 100% 的信息，在实际的沟通过程中，也许只能传递 80% 的信息，再加上沟通环境、交流方式等因素的影响，对方实际接收到的只有 60% 的信息，而其中能理解的只有 40%，最终执行的可能只有 20%。这就是管理学上著名的沟通漏斗理论。

这个理论直观地揭示了沟通过程中存在的问题，也说明了企业中大部分的问题都是由沟通障碍导致的。为了解决问题并提升员工的协作效率，领导者应确保员工认识到沟通的重要性，明确沟通的目的是解决问题。

领导者应当明确一点，并非所有对话都可以被称为沟通。当对话仅仅停留在"沟"而未实现"通"时，应被视为聊天或交流，而非真正的沟通。要想实现沟通同频，不管是在会议上，还是在日常讨论中，领导者都必须以解决问题为导向。

要想实现沟通同频，领导者可采取以下措施。首先，确保员工对沟通的目标有清晰的认识，即每次沟通都应当围绕解决特定的问题展开。其次，沟通方式和沟通环境至关重要，良好的沟通方式和沟通环境能够显著提升信息传递的效率和准确性。最后，领导者应当培养员工的倾听和理解能力，这是确保沟通有效的关键。

例如，华为的领导者积极推崇一种"开放、协作、共享成功"的交流模式。在项目实施过程中，他们鼓励员工共同参与问题的解决，重视并充分考虑每个人的观点。对于关键性的决策，领导者会在深度沟通和广泛征求建议的基础上做出，以确保员工对决策的全面理解和支持。此外，华为还通过组织各种研讨会、经验分享会等活动，促进领导者与员工之间的深度互动，从而提升企业的向心力和战斗力。

总之，沟通同频需要领导者与员工共同努力，不断调整和优化沟通方式，以实现更高的沟通效率和更好的团队协作。通过解决沟通障碍，领导者可以有效地提高企业员工间的协作效率，从而更好地完成工作任务，实现企业的目标。

3.3.4 文化同频：企业文化必须被员工认可

许多成功的企业都拥有独特的企业文化，如华为倡导狼性文化、阿里巴巴秉持普惠文化。对一家企业而言，一个卓越的文化体系是其走向成功的核心驱动力。很多企业都在积极塑造独特的企业文化，也尝试学习阿里巴巴的普惠文化，借鉴华为的狼性文化。然而，我们必须认识到，每家企业的企业文化都是独一无二的，难以被简单地复制。

企业文化之于企业，就如同性格之于个体，它体现了企业的独有特质和行为习惯，体现了员工共同的思维方式和行为模式，并使员工在企业价值观上达成共识。这种共识不仅体现在表面的决策观点上，还体现在愿景和使命上。当员工在思维层面实现同频共振时，他们之间的信任关系将更为牢固。

要实现文化同频，首先，领导者需要明确企业的价值观。价值观作为企业文化的基石，是员工共同遵循的基本原则和行为指南。其次，领导者要使员工有共同的目标和使命。共同的目标和使命能够凝聚员工的力量，激发他们的工作积极性和创造力。最后，领导者要注重员工之间的沟通和互动。良好的沟通和互动能够增进员工之间的了解，促进思维的同频共振。

文化同频在企业发展中的关键作用毋庸置疑，然而实现文化同频并非易事。领导者与员工需要共同努力，始终保持对企业文化的尊重与传承，使其成为企业的核心精神。只有这样，企业才能在激烈的市场竞争中实现可持续发展。

总之，文化同频是企业走向成功的关键。企业应致力于打造符合自身特点的文化体系，使员工在价值观、目标和使命上达成一致。领导者应通过不断努力，让企业文化成为企业的灵魂，引领企业走向更加辉煌的未来。

3.4 愿景创新与变革

一成不变的愿景难以引领企业走向辉煌的未来，企业需要与时俱进，进行愿景创新与变革。企业只有敢于突破传统的框架，勇于探索愿景的更多可能性，才能更灵活地应对市场变化，更有效地凝聚员工的力量，开启发展新篇章。

3.4.1 探索愿景的更多可能性

在当今快速发展且充满不确定性的商业环境中，企业不能将愿景当成一成不变的口号，而应对其进行不断创新与变革，探索更多的可能性。

例如，某传统制造企业原有的愿景是"成为行业内最大的生产厂商"。随着环保理念的兴起和消费者对可持续产品的需求增加，其愿景转变为"通过创新的制造工艺，为社会提供环保、高品质且具有人文关怀的产品，成为可持续发展的行业典范"。这种愿景的创新不仅顺应了时代潮流，还为企业开辟了新的发展空间。

企业在探索愿景的更多可能性时，需要深入了解内部因素和外部因素的变化。内部因素包括企业的核心能力、员工的期望和价值观等。外部因素则涵盖了市场趋势、竞争对手的动态、政策法规的调整和社会文化的变迁等。通过全面的分析，企业可以发现潜在的机会和威胁，从而为愿景的创新与变革提供依据。

在探索愿景的更多可能性时，广泛的员工参与是关键。愿景不应仅是领导者的构想，还是全体员工共同追求的目标。领导者通过组织员工讨论、征求意见等方式，让员工参与到愿景的创新与变革过程中，可以增强他们对新愿景的认同，促使他们更积极地为实现新愿景而努力。

另外，企业与利益相关者的合作能为探索愿景带来新的灵感。合作伙伴、供应商、客户、社区机构等利益相关者可以从不同的角度为企业提供有价值的建议。企业与他们进行良好的沟通，共同探讨未来的发展方向，有助于企业拓宽视野，发现愿景的更多可能性。

例如，某科技企业在探索愿景的过程中与高校、科研机构合作，了解前沿技术的发展趋势；与客户密切交流，洞察市场需求的变化；与供应商共同研发创新产品，提升供应链的竞争力。通过这些合作，该企业最终将愿景确定为"以科技驱动创新，打造智慧生活生态系统，为人类创造更美好的未来"。

总之，通过积极探索愿景的更多可能性，企业能够更好地适应内外部环境的变化，实现更好的发展。

3.4.2 头脑风暴：让员工参与决策

如今，很多企业领导者都认识到员工的智慧和创造力的巨大价值，因此鼓励员工参与愿景的勾勒，采用头脑风暴的方式，激发员工的潜能，推动企业愿景的创新与变革。

头脑风暴是一种激发创新思维和新想法的有效方式，它倡导自由、开放和包容的交流环境，鼓励参与者毫无保留地表达观点，无须担心受到批评或限制。企业领导者组织员工参与头脑风暴，不仅营造了一种积极向上的氛围，还让员工感受到自身意见的重要性和被尊重。

通过这种方式，员工不再仅是被动的执行者，还是企业愿景的勾勒者。他们能够从自身的工作角度出发，提出独特的见解和想法，为企业愿景的实现提供多元化的视角。

首先，参与愿景勾勒的员工将增强对企业的认同感和归属感，他们更清楚地了解企业的目标和方向，从而更主动地投入工作，为实现愿景而努力。

其次，员工来自企业的各个层面和不同部门，他们拥有丰富的实践经验和专业知识。在头脑风暴中，他们能够提供各种实际的建议和解决方案，使愿景更加贴近实际情况，具有更强的可操作性。

最后，头脑风暴可以激发员工的创新思维。在自由开放的讨论环境中，员工能够突破传统思维的束缚，大胆地提出新颖的想法和观点。这些创新思维可能会为企业带来新的机遇和竞争优势。

总之，企业领导者让员工参与到勾勒愿景的过程中，不仅有助于勾勒出更符合企业实际、更具前瞻性的愿景，还有助于提升员工的工作积极性、创造力和忠诚度，从而推动企业不断发展壮大。

第 4 章
严明标准：有标准才能做好管理

一个清晰、合理、严格的标准体系，能够为企业指明方向，让员工明白工作的目标和要求，使管理变得有章可循。基于严格的标准，领导者可以更有效地分配资源、协调工作，做出科学的决策，使员工在标准的框架内充分发挥自身的潜能。

4.1 标准：为员工指明努力的方向

标准不仅为员工指明了努力的方向，还为他们明确了应当如何行动。它详尽地阐述了员工应该完成的工作，以及在完成工作时应遵循的方法和步骤，同时还设定了工作所应达到的具体标准与水平。

4.1.1 再小的订单，也要有标准

标准的设定对提升企业整体的运营效率与产品品质具有至关重要的意义。无论订单的规模是大还是小，员工都必须严格按照标准来生产产品，不能有丝毫的疏忽与松懈。

某知名企业主营电子产品生产销售业务。在订单管理方面，该企业的领导者始终坚守一个原则：无论订单大小，员工都必须遵循标准化的流程和规范。

当该企业接到一个小批量的电子产品订单时，领导者会迅速召集相关部门开会，详细讨论并明确订单的具体要求，包括产品规格、数量、质量标准和交货时间等关键细节。

针对生产环节，该企业制定了一套严格的质量控制标准。从原材料采购阶段起，该企业要求供应商提供符合标准的原材料，并对其进行严格的检验。此外，生产线上的每一个环节都有相应的操作规范和检验标准，员工必须严格遵守，以确保产品质量的稳定性和一致性。

为了保证按时交货，领导者会密切关注生产进度。领导者利用先进的项目管理软件实时跟踪每个工序的完成情况，一旦发现任何可能影响交货的问题，便迅速协调相关部门共同解决。

在与客户沟通方面，该企业建立了标准化的流程。该企业会及时向客户反馈订单进展情况，让客户清楚地了解产品生产状态。而且，对于客户提出的任何疑问或变更要求，该企业都有专门的人员进行及时、准确的处理。

在订单完成后，该企业还会进行详尽的总结和评估。具体来说，该企业会分析处理小订单的优缺点，探讨哪些环节做得较好，哪些环节还存在问题或可以进一步优化。这些经验和教训会被记录下来，为今后处理类似的小订单提供参考，从而不断完善和优化订单管理的标准和流程。

通过对小订单的重视和标准化管理，该企业不仅赢得了客户的信任，还提高了整个团队的执行力和工作效率。每个小订单的标准执行，都为处理更大规模的订单积累了经验，为企业的长远发展奠定了坚实的基础。

4.1.2 制定合理的标准，领导者与员工无分歧

在企业管理中，确保标准的合理性和一致性至关重要。这不仅能够提高工作效率、降低沟通成本，还能够增强员工对企业的认同感和归属感。

某公司因业务迅猛增长，对项目开发的需求日益增长。为了按时高质量地交付项目，该公司的领导者精心制定了一套项目管理标准。

在制定标准之前，领导者与员工进行了充分的沟通和头脑风暴。他了解了员工在

以往项目中遇到的问题，以及他们对项目的期望和建议。基于这些反馈，领导者明确了制定标准的核心目标：提升项目交付的效率与质量，同时满足客户的实际需求。

在制定标准的过程中，领导者遵循适度原则，力求精简流程，避免冗余的流程存在。同时，他注重标准的精确性与易懂性，避免使用过于专业、抽象的术语，确保每个员工都能准确理解并应用所制定的标准。

在制定标准后，领导者组织员工进行深入学习，旨在确保员工对标准有清晰、统一的认识。他鼓励员工提出问题和建议，不断对标准进行完善和优化。

在项目实际执行过程中，领导者严格遵循既定标准，对各项任务进行监督与管理。当员工间出现分歧时，他会依据标准进行客观的分析，并参考相关技术文档，做出公正、合理的决策。例如，在某项目中，对于特定功能的实现方式，员工意见不一。领导者查阅了标准中的相关规定，并结合技术文档，最终做出了符合项目要求的决策。

此外，领导者还注重保持标准的稳定性，仅在标准存在不合理之处且必须改进时，才对标准进行调整。在调整前，他会与员工充分沟通，详细解释调整的原因及其可能带来的影响，以确保员工始终认可标准。

通过上述方式，该项目团队在后续的项目中高效协作，无论是领导者，还是员工，都对项目的进展和结果表示满意，有效避免了潜在的分歧。

4.1.3　渐进式标准：实现员工迅速成长

渐进式标准是一种逐步提高、逐步完善的标准。它是根据员工的实际情况和企业的发展需求，分阶段、有步骤地设定的标准。

领导者通常会为新入职的员工设定相对较低的初始标准。这并非降低要求，而是为了让他们在一个相对宽松的环境中适应新的工作内容和工作节奏。例如，在销售岗位上，新员工可能最初只需要完成较少的业绩，随着时间的推移和经验的积累，其业绩标准会逐步被提高。这种循序渐进的方式，能够避免新员工因过高的初始要求而感到压力过大，从而丧失信心。

在员工逐渐适应工作并积累了一定的经验后，领导者应适时提高其业绩标准。这不仅是对员工能力提升的一种认可，更是对他们进一步发展的激励。例如，在技术人员熟练掌握了基本的操作技能后，企业会要求他们掌握更先进的技术，解决更复杂的问题，以达到更高的技术标准。通过这样的逐步提升，员工能够不断挑战自我，突破自己的能力边界。

渐进式标准还能够激发员工产生自主学习和自我提升的动力。随着标准不断提高，为了能够跟上企业的发展步伐，不被淘汰，员工会主动地学习新知识、新技能，提升自己的综合素质。这种内在的驱动力往往比外部的强制要求能更有效地促进员工成长。

在渐进地提高标准的过程中，及时地反馈和评估是至关重要的。企业要定期对员工的表现进行评估，并根据评估结果给予具体的反馈，指出他们的优点和不足，帮助他们明确改进的方向。同时，对于达到或超过标准的员工，企业要给予适当的奖励和表彰，以强化他们的积极行为。

总之，企业实行渐进式标准，为员工提供了清晰的成长路径，能够有效地激发员工的潜力，促使他们迅速成长。而员工的成长又会反哺企业，推动企业不断向前发展，实现企业与员工的共同进步。

4.2 团队应该有哪些标准

如今，企业之间的竞争已经不再是单纯的产品或服务的竞争，而是团队协作与管理效能的竞争。一个高效、有序、充满活力的团队，是企业在激烈的市场竞争中立于不败之地的关键。然而，打造这样的团队并非易事，企业需要制定严格的岗位标准、工作标准、产品标准、会议标准，来对员工的行为加以约束和限制，使各项工作有序进行，使项目运作标准化、高效化。

4.2.1 岗位标准：团队不能养闲人

在一个团队中，明确的岗位标准至关重要。岗位标准清晰地界定了每个员工的职责、工作内容和工作要求，确保团队高效运作。

闲人的存在对企业而言是一种潜在的危害。首先，他们占据了企业的资源，包括人力成本、办公空间和设备等，却未能创造相应的价值。这无疑增加了企业的运营成本，削弱了企业在市场中的竞争力。其次，闲人会破坏团队的工作氛围，降低协作效率。当其他员工都在为实现企业目标而努力拼搏时，无所事事的闲人会使他们产生不公平感和不满情绪，从而影响团队的凝聚力和其他员工的工作积极性。

例如，某制造企业生产线上存在个别员工工作不饱和的问题，经常出现等待任务或者操作不熟练导致效率低下的情况。这不仅影响整条生产线的进度，还导致产品质量不稳定。在研发部门，如果有员工长期未能为项目提供有价值的创意或解决方案，却依然享受着与其他员工一样的待遇，就会对整个研发团队的创新动力和成果产出产生负面的影响。

为了杜绝养闲人现象，企业需要从多个方面入手。在招聘环节，企业应严格按照岗位标准选拔人才，确保招聘到的员工具备与岗位标准相匹配的专业知识、技能和工作态度。在日常管理中，企业需要建立健全绩效考核制度，对员工的工作表现进行客观、公正的评估。同时，企业还需要不断优化岗位设置和工作流程，确保每个岗位都具有明确的价值和意义。合理的分工和协作有助于提高工作效率，能够避免出现职责不清、推诿扯皮等情况。

总之，岗位标准的设定和执行是确保团队高效运作、提升企业竞争力的关键。坚决杜绝养闲人现象，确保每个岗位都能发挥出最大价值，每个员工都能为企业的发展贡献自己的力量，从而使企业在激烈的市场竞争中立于不败之地，实现可持续发展。

4.2.2　工作标准：工作过程一览无余

在一个团队中，明确的工作标准是不可或缺的。工作标准如同团队前行的轨道，确保员工在行动方向上保持一致，高效协同。

当团队拥有清晰的工作标准时，工作过程就变得一览无余。这意味着员工清楚地知道在每个阶段应该做什么、怎么做，以及做到何种程度。例如，在项目管理中，从项目的启动、规划、执行到监控和收尾，每个阶段都有明确的标准和流程。在启动阶段，需要进行充分的需求调研和分析；在规划阶段，需要制订详细的项目计划和进行预算；在执行阶段，需要按照项目计划严格推进，并及时解决出现的问题；在监控阶段，需要对项目进展进行跟踪和评估；在收尾阶段，需要做好项目的验收和总结。

明确的工作标准能够使员工之间的沟通更加顺畅，因为大家都遵循相同的工作标准，避免了因理解不一致而产生误解和冲突的情况。同时，工作过程清晰可见，员工能够更好地相互协作。如果某个阶段出现问题或进度滞后，其他员工能够迅速察觉并提供帮助，从而保证整个工作流程顺利推进。

对领导者来说，明确的工作标准能够使监督和评估工作变得更加容易。他们可以直观地看到每个员工的工作表现，及时发现问题并进行纠正和指导。这有助于提高团队的整体工作质量和工作效率。

此外，明确的工作标准也为团队的持续改进提供了有力的依据。通过对工作标准的执行情况进行分析和总结，领导者能够发现工作执行过程中存在的不足和改进的空间，不断优化工作流程和标准，提升团队的绩效和竞争力。

总之，企业需要工作标准来保证工作过程的清晰透明和高效有序，从而早日实现既定目标，创造更大的价值。

4.2.3　产品标准：人人都是产品专家

产品标准是衡量产品的性能、质量、安全及环保等核心要素的重要基准，是确保产品的安全性和可靠性的基石。产品标准的制定和实施，不仅关乎企业的经济效益和社会责任，还关乎消费者的切身利益。因此，企业的领导者应高度重视产品标准的制定和实施，确保其科学、合理、有效，以更好地服务于社会发展。

根据制定主体的不同，产品标准包括国家标准、行业标准、地方标准和企业标准。其中，企业标准是指由企业独立自主制定的标准，它是专为企业内部产品的构思设计、生产制造及质量控制而设的。企业标准的制定往往以国家标准、行业标准、地方标准为基础，同时融入企业的特定需求与期望。企业标准的实施，对保障企业产品质量的稳定性、促进生产流程的统一性和标准化管理，具有不可或缺的重要作用。

产品标准的重要性主要体现在以下四个方面，如图 4-1 所示。

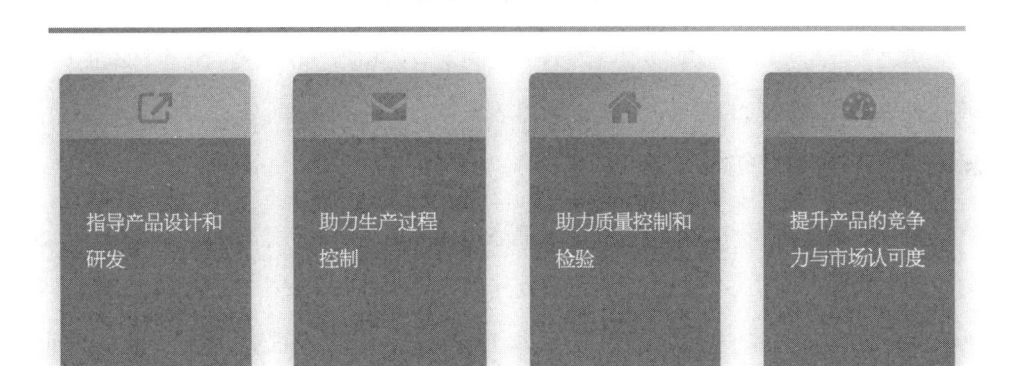

图 4-1 产品标准的重要性

1. 指导产品设计和研发

在产品设计和研发的全过程中，产品标准发挥着至关重要的指导作用。产品标准不仅详细界定了产品的性能预期、规格参数，还明确了测试流程，为设计师提供了具体且严谨的目标和规范。遵循这些标准，设计师能够确保产品不仅满足质量和性能要求，还能在市场上脱颖而出，提升竞争力和用户接受度。

2. 助力生产过程控制

产品标准对生产过程控制至关重要。具体来说，产品标准对生产工艺、质量控制的要求进行了严格的规定，有助于企业构建完善的生产管理体系。企业按照产品标准来指导和控制生产活动，不仅能够显著提升生产效率，还能够有效降低产品的瑕疵率，确保产品质量的稳定、可靠。

3. 助力质量控制和检验

产品标准作为质量控制和检验的基石，为企业日常运营活动提供了清晰、明确的基准。它详尽地规定了产品的各种质量特性、具体的检验方法及严格的验收标准，为企业进行高效、精准的质量控制提供了有力支持。遵循产品标准进行质量控制和检验，企业能及时发现并纠正质量问题，确保产品符合标准。

4. 提升产品的竞争力和市场认可度

遵循产品标准，企业能够显著提升产品的竞争力和市场认可度。符合标准的产品不仅能够满足消费者的需求，还能够赢得消费者的信任和口碑。产品标准化有助于企业打造独特的品牌形象，增强市场竞争力，实现可持续发展。

领导者应采用多种培训方式使员工熟悉产品标准。例如，定期组织内部培训，由专家讲解产品的特点、优势、使用方法及其与竞品的差异；安排实践操作，让员工参与产品的研发、测试、生产、销售等环节，加深对产品标准的理解；建立内部知识库，方便员工查阅和学习产品标准，并鼓励员工分享经验和心得，加深对产品标准的认识。

总之，领导者可以通过多种方式让员工熟悉产品标准，使人人都成为产品专家，以提高团队的整体素质和工作效率，增强企业的市场竞争力，为企业的发展奠定坚实的基础。

4.2.4 会议标准：复盘时间不浪费

在团队协作过程中，会议扮演着举足轻重的角色，它是员工间沟通交流、共同解决难题及推动工作有序开展的重要平台。然而，会议如果缺乏标准，就会效率低下、浪费时间，甚至影响团队的凝聚力和工作成果。因此，领导者需要制定明确的会议标准，确保时间得到充分的利用。

首先，明确会议的目的和议程。在召开会议前，领导者应当确定会议要解决的核心问题和期望达成的目标。同时，制定详细的议程，将会议内容按照重要性和逻辑顺序进行安排。这样可以让与会人员提前做好准备，有针对性地思考和收集相关信息，避免在会议中临时思考和讨论无关紧要的问题。

其次，严格控制会议时间。领导者需要为每个议题设定合理的时间，并在会议中严格遵守。例如，可以规定每个员工的发言时间，避免有人长篇大论而占用过多时间；设置提醒机制，在会议进行到一定时间时进行提醒，确保会议按照预定的时间、进度进行。

再次，保证与会人员的专注度。在会议期间，领导者可以要求所有与会人员将手机调至静音或关机状态，避免因查看手机而分散注意力。同时，禁止无关的讨论和闲聊，确保会议围绕主题进行。如果有与会人员提出与主题无关的话题，主持人应及时引导其回到正轨。

最后，强调会议的结果导向。复盘会议不是为了讨论而讨论，而是要得出切实可行的改进措施和行动计划。在会议结束时，领导者应对讨论的结果进行总结和梳理，明确责任人和时间节点，确保会议的结果能够得到有效落实。

例如，某项目团队按照严格的会议标准召开复盘会议。首先，领导者明确会议目的是总结项目执行过程中的问题和经验，议程包括项目进度回顾、问题分析、经验分享和未来计划。其次，领导者严格控制每个环节的时间，保证员工讨论的专注性。最后，领导者安排专人记录会议内容，并在会议结束时总结出三条主要的改进措施，以及相应的责任人和完成时间。这样的复盘会议高效且有成果，真正为团队的发展提供了有价值的指导。

4.3 将执行标准的成功经验复制并推广

通过将执行标准的成功经验复制并推广，企业可以避免反复"摸着石头过河"，降低试错成本，提高资源利用效率。这不仅有助于保持企业运营的稳定性和一致性，更有助于激发企业的创新活力，为企业在市场中赢得竞争优势提供有力支撑。

4.3.1 根据高质量标准打造一流团队

标准是经过实践检验和优化的规范与准则，它蕴含着高效、优质的工作方法和流程。当执行标准的成功经验被复制、推广时，企业可以根据高质量标准，快速打造一流团队。

领导者将执行标准的成功经验进行复制、推广，能够为员工提供清晰的行动指南。无论是新员工融入团体，还是现有员工提升能力，都能依据这些经验迅速找到方向，降低摸索和试错的时间成本。

例如，阿里巴巴"中台战略"的核心思想是将企业的核心能力沉淀为可复用的资源和服务，构建强大的业务中台。通过这种方式，阿里巴巴能够快速响应市场的变化，高效支持前台业务创新。阿里巴巴的数据中台汇集了海量数据资产，通过对数据进行标准化处理和分析，使得数据成为一种可共享、可复用的战略性资源。这不仅提升了数据的使用效率，还极大地促进了各业务线之间的协同合作。

对执行高质量标准的成功经验进行复制意味着不同的团队或项目能够保持相同的水平。这有助于塑造统一的企业文化和价值观，增强团队之间的协同性，提高合作效率。

例如，一家销售公司制定了一套详细的客户沟通和销售技巧标准，并将执行这套标准的成功经验进行复制、推广。新成立的销售团队依照这些经验进行学习和实践，能够快速掌握有效的销售方法，提升业绩。

在复制、推广执行标准的成功经验的过程中，领导者需要对其进行适当的调整和创新。不同的团队可能面临不同的市场环境和客户需求，因此在执行过程中，领导者要根据实际情况进行灵活运用和优化。

同时，为了确保对执行标准成功经验的有效复制、推广，领导者需要建立完善的培训和监督机制。通过培训，领导者能够让员工深入理解和掌握这些成功经验；通过监督，领导者能够及时发现复制和推广过程中的问题并加以解决。

总之，将执行标准的成功经验进行复制、推广，是打造一流团队的有力手段。只要将标准运用得当，企业就能在内部不断打造高效、卓越的团队，实现可持续发展。

4.3.2　随时监督标准的落地情况

在将执行标准的成功经验进行复制、推广的过程中，领导者随时监督标准的落地情况，是确保这一举措能够真正发挥作用、取得预期效果的关键。

通过监督标准的落地情况，领导者能够及时发现执行过程中的偏差和问题。尽管标准已经经过实践检验并转化为经验，但在实际操作中，由于各种因素的影响，可能会出现与标准不符的情况。通过持续的监督，领导者可以在问题初现端倪时就察觉到，从而采取措施加以纠正，避免问题扩大影响整体的复制效果。

为了贯彻落实标准，广州一家企业的领导者建立了监督机制，由人力资源部门全权负责监督标准的落地情况。每到月底，人力资源部门就会向其他部门发送一些与标准执行相关的表格，使其掌握标准的落地情况。此外，人力资源部门还会抽查各部门员工的标准执行记录，并在深入分析后找违反标准的员工谈话。谈话的主要目的是为员工详解其违反标准的原因，找出改正的办法。

标准得到真正有效的执行离不开双向沟通和反馈。具体来说，员工要及时向领导者汇报自己的实际情况，领导者也要主动了解员工在执行标准过程中遇到的困难和问题，并及时帮助其解决，这样才能保证员工严格地按照标准完成工作任务。

在建立监督机制后，领导者还要明确由谁或哪个部门负责落实。一旦有了专门的负责人，员工就会有一种被约束、被规范的感觉，从而严格遵守标准。

总之，随时监督标准的落地情况是将执行标准的成功经验进行复制、推广的重要保障，能够促进标准得到有效的执行和保持一致性，推动标准不断优化完善，为企业的成功奠定坚实的基础。

4.3.3 链家：经典的经验复制系统

链家的经验复制系统建立在一套完善且严格的标准体系之上。从房源的收集与核实，到客户服务的每一个细节，链家都有着明确而细致的规定。例如，在房源管理方面，链家以严谨的态度处理房源信息，要求经纪人务必进行实地勘察，以确保房屋描述真实、准确，无任何夸大或误导的情况；在客户接待方面，链家秉持标准化的服务流程，从问候语到沟通技巧，均经过精心设计，以展现专业、周到的服务品质。

人才培养是链家经验复制系统的核心环节。链家投入大量资源建立了自己的培训体系，新入职的员工都需要接受系统的培训。培训内容不仅包括业务知识和技能的传授，还包括企业文化和价值观的灌输。通过培训，链家确保每一位新员工都能理解并认同公司的理念和标准，为后续的经验复制奠定坚实的基础。

在追求业务效率与创新的同时，链家还深度整合了先进的信息技术，以加强经验传承与复制。链家精心打造的 SE（Sales Efficiency，销售效率）系统，不仅为经纪人提供了一个便捷、高效的房源信息检索平台，而且详细记录了每位经纪人进行业务操作的步骤。这不仅确保了房源信息的准确性和时效性，还极大提升了经纪人的工作效率。同时，链家要求经纪人在接受委托任务后，在限定的时间内将相关信息录入系统，以便公司实时追踪与监管，确保服务质量和效率。

为了确保业务操作的规范性和透明度，链家还通过电话回访等方法，对经纪人的工作情况进行全方位的监督。这不仅保障了服务的质量，还进一步提升了链家的品牌形象和市场竞争力。

此外，链家的门店管理也遵循统一的标准。从店面布局到工作流程，都保持着高度的一致性。这不仅提升了链家的品牌形象，也让客户在任何一家链家门店都能享受到相同质量的服务。

在复制成功经验的过程中，链家注重因地制宜地调整经验。基于统一的标准和流程，链家会根据不同地区的市场特点和客户需求对其进行适当的优化。这种灵活性使得链家的经验复制系统更具有适应性和生命力。

例如，在一线城市，链家更注重高端房源的推广和定制化服务。在二三线城市，链家会根据当地的购房需求和消费能力，调整营销策略和服务重点。

通过经典的经验复制系统，链家实现了快速扩张和稳健发展，不仅增加了市场份额，还获得了良好的客户口碑，树立了良好的品牌形象。

总之，链家的经验复制系统是其成功的关键因素之一。它实现了对成功经验的高效传播和应用，为链家的持续发展提供了强大的动力。

第 5 章
制度建设:"人管理"模式的替代品

长期以来,很多企业都采取"人管理"模式。这一模式对集中企业的管理权,确保领导者的权力和利益不受损害具有重要作用,但也暴露出诸多问题。例如,过度依赖领导者的判断,导致决策存在主观性和不公平性;企业发展受领导者个人因素的影响大,缺乏稳定性和一致性。

"制度管人"作为一种全新的思路和方法,正逐渐替代"人管理"模式。它以明确的规则、规范的流程和客观的标准,为企业提供了更公平、更稳定、更高效的管理模式。

5.1 领导力要有制度做"盾"

良好的制度能够规范领导者的行为,确保决策的公正性和科学性。它既能约束权力的滥用,又能为领导者提供明确的行动指南,使其在面对各种挑战和选择时,有据可依,有章可循。

5.1.1 靠领导者不如靠制度

在企业管理中,领导力的有效发挥对团队和企业的成功至关重要。然而,一种常见的现象是企业在运营上过度依赖领导者,而忽视了制度的重要性。事实上,领导力要有制度做"盾",靠领导者不如靠完善的制度。

制度为领导力的有效发挥提供了完善的框架和规则。在一个没有明确制度的企业中，领导者的决策和指示可能会因个人情绪、偏好或临时的想法而频繁变动，导致员工无所适从，工作效率低下。而健全的制度明确规定了企业的目标、岗位职责、工作流程，以及员工的行为准则，使得领导者的决策和指示有章可循，保持一致性和稳定性。

制度能够保障企业管理的公平、公正，避免领导者在做决策时受主观偏见的影响。即使是优秀的领导者，在做决策时也难免会受到个人情绪和人际关系的影响。如果企业在运营上仅依赖领导者的个人判断，可能会导致资源分配不均、奖惩不公等问题，从而打击员工的工作积极性。完善的制度能够为员工提供一个公平竞争的环境，无论个人关系如何，只要员工的行为符合制度规定的标准和要求，员工就能获得相应的机会和奖励。

制度有助于培养和传承领导力。当企业领导力的发挥过度依赖领导者时，如果这位领导者离开或出现问题，就可能使企业陷入混乱或困境。而企业依靠制度，可以将成功的领导经验和管理方法固化下来，形成一套可传承的体系。新的领导者可以在制度的指引下迅速适应新角色，确保企业稳定、持续地发展。

例如，一家企业在招聘和晋升方面制定了严格的制度，以员工的能力、业绩和潜力为主要评估标准。这样，即使领导者发生变更，也不需要改变招聘和晋升的原则及流程，优秀的人才依然能够得到很多发展机会。

此外，制度能够约束领导者，防止其滥用权力。在没有制度约束的情况下，领导者可能会因为权力过大而做出错误的决策，甚至损害企业的利益。而制度可以明确权力的边界，确保领导者在合理的范围内行使权力，做出符合企业利益的决策。

5.1.2 制度作用：是约束还是激励

从约束的角度来看，制度为组织和个人的行为划定了明确的边界。它犹如道路上的护栏，防止人们偏离正轨。在一个企业中，财务制度明确了资金的使用规范，防止相关人员滥用资金和贪污；考勤制度明确了工作时间，避免员工散漫、无序。这种约束的存在并非为了限制员工的自由，而是为了保障企业正常运转，避免企业陷入混乱。没有制度的约束，领导力的发挥就可能引发各种不确定性和违规行为，阻碍企业发展。

然而，制度的作用仅仅是约束吗？答案是否定的，制度同样具有激励的作用。

例如，在合理的薪酬制度下，企业可以根据员工的绩效给予其相应的奖励，激发员工的工作积极性和创造力；晋升制度为员工提供了清晰的职业发展路径和目标，让他们有动力不断提升自己的能力。这些具有激励性的制度能够让员工感受到自己的努力得到了认可和回报，从而更加投入地为企业贡献力量。

一家科技公司设立了创新奖励制度，对提出有价值的创新想法并成功实施的团队或个人给予丰厚的奖励。这一制度激励员工积极探索新技术、新方法，为公司带来了许多创新成果，提升了公司的竞争力。

实际上，制度的约束作用和激励作用并不是相互排斥的，而是相辅相成的。约束是为了规范行为，确保企业稳定、有序地运转；激励是为了激发员工的潜能，推动企业发展和进步。

5.1.3　为什么有些制度会沦为废纸

制度常常被视为保障领导力得到有效发挥的重要"盾牌"。然而，令人遗憾的是，一些制度最终沦为废纸，未能起到其应有的作用。

一些制度沦为废纸，首要原因可能在于制度本身具有不合理性。如果领导者在制定制度时没有充分考虑实际情况，缺乏对企业目标、员工特点和工作流程的深入调研与分析，就容易脱离实际，导致制度难以执行。

例如，某公司的领导者为了提高工作效率，制定了一项极为严苛的考勤制度，要求员工必须在规定的时间内完成打卡，否则就算作迟到。但是领导者没有考虑到公司所在地交通状况的复杂性，许多员工经常因不可抗力因素而迟到，最终这项制度不仅没有达到预期效果，还引发了员工的不满。

对制度的宣传和讲解不到位也是导致其沦为废纸的重要原因。即使制度本身是合理的，但由于员工对制度的内容、制定制度的目的和意义缺乏了解，其也得不到有效的遵守。一些企业在制定制度后，只是简单地发布文件，没有对员工进行详细的解释，使得员工对制度一知半解，在执行过程中出现偏差。

缺乏有效的监督和执行机制是制度沦为废纸的又一原因。一些制度具有科学性，但企业在执行制度过程中缺乏严格的监督，对违反制度的员工没有及时进行纠正和处罚，久而久之，制度就会失去权威性和约束力。例如，某企业规定禁止在工作场所吸烟，但领导者对违规吸烟的员工视而不见，不进行任何处罚，导致这一规定形同虚设。

综上所述，要想让制度真正成为领导力的坚实"盾牌"，就要确保制度的合理性、加强对制度的宣传、建立有效的监督和执行机制，并根据实际情况及时调整制度。只有这样，才能避免制度沦为废纸，使其在企业管理中充分发挥作用。

5.1.4　只讲人情、不谈制度是虚伪的

只讲人情，不谈制度，容易导致决策的主观性和随意性。在处理问题和做出决策时，如果仅依据个人关系的亲疏远近，而不是依据客观的制度规定，那么必然会产生不公平的结果。这会让那些真正努力工作、遵守规则的员工感到失望和沮丧，因为他们的付出没有得到应有的认可和回报。长此以往，团队的士气和凝聚力将会受到严重影响。

职场中的人情潜规则虽未公开，但每一个职场人都心知肚明。在"人管人"模式下，领导者往往过于看重自己的权力，忽视员工的处境与内心想法。长此以往，就会导致制度失效，团队缺乏凝聚力，人才流失。

小李经过三轮面试成功进入一家私企。他虽初入职场，但技术过硬，工作积极性很高，很快便得到了公司上下的一致认可。但是到了年底评优的时候，能力强、人缘好的小李，却败给了领导者的侄子。

企业有制度，但制度形同虚设，企业大小事宜不是由"制度说了算"，而是由"人说了算"。大多数员工在职场中都经历过这种事情。甚至许多员工认为，领导者就是"法"，即便有制度，但是在遇到问题时还是下意识地询问领导者。而领导者也习惯了自身就是制度，即便他的命令与企业现有的制度有冲突。

长此以往，就会导致员工遇事不看制度，先找领导者，一切以领导者的决定为主。员工失去了行动自主性，团队合作、沟通的成本随之增加，办事效率愈发低下。

在一个制度完善的企业中，面对员工的请示，领导者正确的回应应当为：按制度与流程执行。如果制度与流程有问题，则讨论制度与流程的问题是什么，并进行及时完善；如果制度与流程没有问题，则按制度与流程执行。只有员工按照制度与流程工作，企业才能摆脱"人治"，高效运作。

5.2 制定一套让员工"微笑"的制度

制定一套让员工"微笑"的制度成为众多企业追求的目标。这意味着领导者不仅要为员工提供良好的物质待遇，还要关注他们的内心需求和职业发展。让员工"微笑"的制度，要考虑到人性因素，避免冗余、重复，并通过合理的奖惩激发员工的工作积极性和创造力，增强团队的凝聚力。人性化的管理制度、合理的激励机制和良好的工作环境，能够让员工在工作中感受到尊重和温暖，从而以更加饱满的热情投入工作，为企业创造更大的价值。

5.2.1 制度要符合人性

如今，很多领导者都意识到，员工的满意度和幸福感对企业的成功至关重要。为了让员工在工作中保持积极的心态，释放自己的最大潜能，一套符合人性的制度是必不可少的。

一般而言，企业内部存在两种规则。一种规则是制度，即显规则，显规则是刚性的。另一种规则是制度没有涉及但现实中存在的隐规则。隐规则是柔性的，不通过制度显现，而是通过制度之外的文化、道德等显现。

实际上，员工的许多活动和行为都受到隐规则的影响，而隐规则是人性的表现形式，代表了员工的人性。

如果领导者制定的制度在推行的过程中遇到了阻力，就表明企业内的显规则与隐规则存在冲突，也表明这样的制度并不符合人性。领导者如何制定出符合人性的制度？这就要求领导者重视隐规则，即从文化、道德等方面思考员工的诉求。

制度是严格的、刚性的，要制度符合人性，并不意味着制度可以随意被破坏。制度的严格和体现人性并不冲突，严格的制度也可以体现人性。制度是显性的、刚性的，隐规则是柔性的，隐规则可以体现在显性的制度中。

制度的刚性突出体现在对工作流程的管理上，即制度针对的是工作中的事情。而领导者在管理人时，就可以柔性一些，即多从员工的角度思考问题，给予员工一定的自主权，让其感受到企业对他的关怀。

以海底捞为例，该公司高度重视员工的福利政策与职业成长空间。它为员工提供了舒适的住宿环境、具有竞争力的薪资待遇，以及一系列的福利计划。同时，该公司赋予员工一定的自主权，激发他们创新性地为顾客提供定制化、个性化的服务。此外，海底捞还构建了一套成熟的晋升体系，确保员工能够通过不懈的努力，实现职业晋升和全面发展。

符合人性的制度更能被员工认可，有利于领导者对员工的管理。同时，符合人性的制度体现了领导者的管理理念和企业的文化理念，能够显著增强企业的凝聚力和向心力。

5.2.2　不制定多余的制度

为了规范员工的行为、提高工作效率，领导者会制定一系列的制度。然而，这并不意味着制度的数量越多，效果就越好。相反，过多的制度往往会使员工感到压力倍增，影响他们的工作积极性和创新力。之所以会如此，主要有以下两个原因。

（1）当前制度与企业的实际运营状况存在显著的不匹配现象，这一现象已经导致企业管理层面出现失控状态。

（2）制定制度的人员不专业，导致制定的制度缺乏可操作性，不适用于具体的操作流程。

要想制度更加有效，领导者需要从上述两个原因着手。首先，领导者应根据企业内外实际情况制定制度；其次，制度要制定得合情合理，不仅要使制度管得住，还要使制度用得好。简单来说，就是先对企业的现状进行调查与梳理，找到存在的问题和需要调整的地方，然后与各部门进行沟通，再制定具体的制度。

如今，很多企业中都存在一些合理不合情或者合情不合法的现象，例如，加班频率非常高，但薪酬制度中没有与之相关的内容。一家科技企业为了留住员工，设置的薪酬制度包括底薪、加班费、五险一金、绩效奖金、住房补贴、餐补、交通补贴等多项内容。

上述薪酬制度在合法的基础上，做到了既合理又合情，这不仅可以使员工的工作积极性大幅提升，还可以使员工的工作效率明显提升。为什么科学的薪酬制度能带来如此明显的效果？因为员工可以从中感受到企业对自己的尊重，感受到浓浓的人情味。

因此，领导者在制定制度时，既要保证制度不多余，符合企业的实际情况，又要保证制度合法、合情、合理。这样不仅能管住员工，而且能确保企业高效运转。

5.2.3 对员工，应赏罚分明

对待员工，领导者要做到赏罚分明。这不仅有助于维护公平、公正的工作秩序，还有助于激励员工，提升团队的整体绩效。在设置奖惩制度时，领导者需要注意以下三点，如图 5-1 所示。

图 5-1　领导者在设置奖惩制度时需要注意的点

1. 奖惩要因人而异

因人而异是指不同员工的需求不同，相同的奖惩政策起到的效果也不尽相同。即便是同一位员工，在不同的时间或环境下，也会有不同的需求。因此，奖惩要因人而异。

在制定和实施奖惩制度时，领导者首先要调查清楚每个员工的真正需求是什么，然后将这些需求整理、归类，以此为依据来制定相应的奖惩制度。例如，有的员工希望得到更高的工资，有的员工希望有自由的休假时间。对于工资高的员工，提高工资的吸引力可能没有增加带薪休假的天数的吸引力大。

2. 奖惩适度

奖励和惩罚的适度性对激励效果至关重要。奖励过重会导致员工骄傲自满，失去提升的动力；奖励过轻则没有效果，使员工感到不被重视。惩罚过重会引发员工的不满情绪，使其对企业的认同感降低，甚至做出消极怠工的行为；惩罚过轻则会使员工认识不到所犯错误的严重性，以致重复犯错。因此，奖惩应适度，且要明确惩罚的目的是激励，而非罚款。

3. 公平性

公平性是员工管理中一个非常重要的原则，任何不公都会影响员工的工作效率和工作情绪。对于取得同等成绩的员工，一定要让他们获得同等层次的奖励；对于犯同样错误的员工，也要让他们受到同等层次的处罚。领导者在处理员工的奖惩问题时，一定要保持公平，一视同仁，不能有任何不公的言语和行为。

总之，对员工赏罚分明是企业管理的有效手段。公平公正的奖励和惩罚机制能够引导员工的行为，激发员工的潜能，营造良好的工作氛围，推动企业不断发展壮大。

5.2.4 创新：切勿墨守成规

制度创新是推动企业发展的关键因素。然而，领导者墨守成规的思想和行为却会阻碍创新，限制企业的发展。

墨守成规意味着过度依赖过去的经验和既定的模式，不愿意对制度进行改变和优化。这种做法在短期内看似有效，但从长远来看，可能导致严重的后果。

例如，艾柯卡是美国著名的企业管理专家。他在福特公司担任总经理时，积极进行制度创新，大刀阔斧地改革公司的制度。但福特公司的总裁思想保守、墨守成规，两人在经营和管理理念上存在不可调和的矛盾，最终以艾柯卡离开福特公司收场。

在总裁的保守管理下，福特公司在业绩上不断下滑，濒临亏损。离开福特公司后，艾柯卡在克莱斯勒公司担任总裁。当时的克莱斯勒公司已经濒临破产，艾柯卡在上任后，大胆地改革了公司的旧制度，积极推动产品创新，在不到两年的时间内就将克莱斯勒公司从死亡边缘拉了回来，而且其业绩一路飙升，很快就赶超了福特公司。

面对激烈的竞争环境与濒临破产的现状，福特公司的总裁深刻反思，推出了一套灵活的经营管理制度，有效阻止了业绩的进一步下滑，保住了已有的市场份额。

克莱斯勒公司与福特公司的兴衰历程，充分凸显了制度创新的重要性。领导者应摒弃墨守成规的思维方式，不断在管理制度和生产技术上寻求创新。制度的持续创新，是加强企业内部管理、推动工作有序进行的基础，也是实现企业可持续发展、不断壮大的关键动力。

5.3 不仅要有制度，还要抓执行

完善的制度能够为企业的运行提供明确的规范和指导，保障各项工作有序开展。然而，仅有制度是远远不够的，领导者还需要严抓执行。执行是将制度从纸面上的条文转化为实际行动和成果的关键环节。如果制度不能得到有效的执行，就形同虚设，无法发挥其应有的作用。

5.3.1 执行需要重视结果

制度的执行是确保企业正常运转、实现目标的关键。在这一过程中，只有重视结果，才能真正体现制度的权威性和有效性。

首先，重视结果是制度执行的应有之义。制度不应仅是纸面上的文字或墙上的标语，还应是组织内部行为准则的具体化，最终要转化为可衡量、可评估的实际结果。因此，制度执行应以结果导向为核心原则，确保每一项制度都能在实际操作中发挥出应有的作用。

其次，重视结果有助于发现制度执行中的问题与不足。通过对比制度预期目标与实际执行结果之间的差异，领导者可以清晰地识别出制度执行中的瓶颈、漏洞或执行不力的情况。这种基于结果的反馈机制，为制度的持续优化提供了宝贵的依据和方向。

再次，重视结果能够激发员工的工作积极性和创造力。当制度的执行结果与个人的绩效考核、奖惩机制紧密挂钩时，员工将更加重视制度执行的质量与效率，积极寻求改善执行结果的方法与途径。这种正向的激励机制不仅能够促进企业目标的实现，还能够激发员工的潜能与创造力。

最后，重视结果要求企业在制度执行过程中保持高度的灵活性与适应性。市场环境、技术条件、人员构成等因素的变化都可能对制度的执行结果产生影响。因此，企业在执行制度时，应密切关注这些因素的变化，及时调整执行策略与措施，确保制度执行能够始终围绕实现企业目标展开并取得预期的效果。

人在职场上靠结果说话，而不是靠借口生存。纵观财富500强企业的创始人，他们都有一个共同的行为准则：只讲结果，不讲如果。无论在执行制度过程中遇到什么困难，他们都会想尽办法解决，始终相信方法要比困难多，牢记自己的责任，一旦接受了任务，就会负责到底。也正是因为他们执行力强，才能打造出名震世界的企业。

总之，制度执行是一个严肃而务实的过程，不存在如果，只有结果。只有以结果为导向，才能让制度真正发挥作用，推动企业不断发展和进步。

5.3.2 制定合理的制度执行方案

一个完善且有效的制度执行方案不仅能够规范员工的行为，提高工作效率，还能够保障企业的战略目标得以顺利实现。

首先，明确制度的目标和约束范围是制定制度执行方案的基础。领导者需要深入分析企业的目标，确定制度所要解决的问题和期望达到的效果。例如，企业的目标是提高产品的质量，那么相应的制度可能涉及生产流程的规范、质量检测标准的制定等，制度执行方案则要围绕如何确保这些制度在各个环节得到严格的执行来制定。

其次，领导者与员工进行充分的沟通并对员工进行培训是关键。在执行制度前，领导者应当向全体员工详细解释制度的内容、意义和执行方法。领导者可以通过开设培训课程、发放宣传资料等方式，确保员工理解制度的重要性和自身在执行制度过程中的责任。同时，领导者要建立沟通渠道，鼓励员工提出疑问和建议，及时处理可能存在的误解和安抚员工的抵触情绪。

最后，合理的资源配置是保障制度执行的重要因素。领导者要根据制度执行的需要，提供必要的人力、物力和财力支持。例如，执行新的生产管理制度可能需要更新设备、培训员工或者调整工作流程，领导者应当为此提供相应的资源保障。

随着企业内外部环境的不断变化，原有制度执行方案的弊端会逐渐显露。为了确保制度能够持续有效地支持企业目标的实现，领导者需要对制度执行方案进行及时的优化。例如，一家制造企业制定了严格的安全生产制度，该制度的执行方案包括为员工提供安全培训、配备必要的安全设备、定期进行安全检查等。在制度执行过程中，根据市场需求的变化和技术的更新，领导者对该制度进行了优化，增加了新的安全标准和操作规范，确保员工始终遵循最新的安全要求。

5.3.3 可以犯错，但不能犯原则性错误

无论是在个人的成长中，还是在企业的发展中，犯错是难以避免的。然而，人可以犯错，但不能犯原则性错误。

所谓"海纳百川，有容乃大"，给员工机会的领导者很多，但给员工犯错机会的领导者很少。对领导者而言，"居上不宽"是致命伤。对员工所犯的合理性错误持包容态度的领导者，更容易在员工心中树立起威望，赢得员工的信赖。久而久之，企业内部会形成包容的文化，员工对企业的认同感和忠诚度会提升，员工的活力和创造力会被激发出来。

上海一家企业主营大型公用设备销售业务，某天，一个非常有能力的老员工违反了工作制度，应被开除，总经理也批准了这一决定。但那位老员工觉得非常委屈，他说："当年在企业债务累累时我都没有离开，今天我犯了一点儿错误就被开除，企业真是不讲一点儿情义。"

随后，总经理了解到那位老员工最近遭遇家庭变故，他因妻子过世而悲痛万分，整天借酒消愁，结果误了工作。在得知这一情况后，总经理找到这位老员工，给了他一笔钱，让他安排好家里的事，无须担心工作。那位老员工本以为总经理要撤销开除他的决定，但没想到总经理说："我不会破坏制度，我相信你也不希望我破坏制度。"因为这个老员工既有能力又有功劳，总经理觉得不能委屈了他，于是就介绍这位老员工去另一家企业工作。

领导者要能容忍员工所犯的非原则性的错误，并且要鼓励员工大胆试错，在试错中成长。但是，领导者容忍员工犯错，并不意味着在员工违反了制度后，可以不按制度进行处罚，而是在按制度处罚犯错的员工后，根据实际情况，给予员工一定的帮助，让员工明白自己对事不对人，帮助员工摆脱因犯错受到处罚而引发的负面情绪。

第 6 章
沟通法则：少些误解，多些理解

沟通是贯穿企业管理全过程的一项重要工作。沟通不畅会导致误解丛生，给团队协作和工作推进带来重重阻碍。本章深入探讨了沟通在企业管理中的核心作用，提供了实用的工具和方法，帮助领导者通过有效的沟通树立威信、激发员工的潜能、促进创新和解决问题。

6.1 必备工具：沟通视窗

沟通视窗是一种关于沟通技巧的理论，也被称为"自我意识的发现—反馈模型"，由社会心理学家乔瑟夫·卢夫特和哈里·英格拉姆提出。沟通视窗由隐私象限、盲点象限、潜力象限和公开象限四大区域构成，全面覆盖了领导者日常工作中的沟通内容。

6.1.1 隐私象限：双方正面沟通

隐私象限中的信息是那些自己知道，但是他人不知道的信息。然而，并非所有隐私都应被视为不可向人透露的秘密。从更为细致的角度来分析，隐私可划分为以下三个层次，如图 6-1 所示。

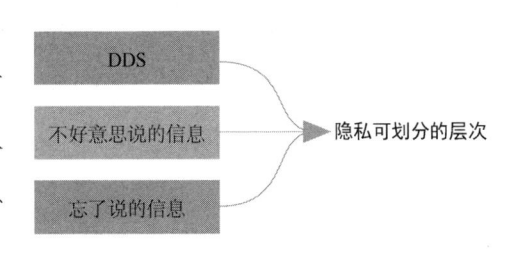

图 6-1 隐私可划分的层次

1. DDS

在人际交往的过程中，每个人都有拒绝说出其 DDS（Deep Dark Secret，深邃而隐晦的秘密）的权利，这是一项与生俱来的基本权利。在社交互动中，尊重并避免擅自探寻他人的 DDS，是维护人际关系和谐与个体隐私安全的重要准则，以确保每个人都能拥有一个舒适的个人空间。

2. 不好意思说的信息

在人与人的沟通过程中，存在比 DDS 更易于触及但同样敏感的信息，即不好意思说的信息。例如，在上学时，我们不好意思说出对某个异性的好感；在职场中，碍于年龄、资历等因素，我们不好意思说出一些上级或老员工的问题、错误。这往往使问题得不到及时的关注和处理，可能引发不良后果。

3. 忘了说的信息

相较于不好意思说的信息，忘了说的信息对企业更为不利。领导者误以为员工应该知道某件事情而不与其主动沟通的现象被形象地称为"知识的诅咒"，即在个体掌握某些知识后，往往会难以想象那些尚未掌握这些知识的人是如何看待问题的。为了打破"知识的诅咒"，无论事情大小，领导者都应与员工进行多次沟通，以确保信息的准确传递和团队的高效协作。

6.1.2 盲点象限：不要忽视自己的局限

盲点象限中的信息是那些自己不知道，但他人知道的信息。在日常的社交与工作中，这种信息尤为常见，例如，个人的某些行为模式或处事方式，他人对个体造成的某些感受等，往往都属于盲点象限的范畴。

在企业的日常运营中，盲点象限普遍存在。随着地位与权力的提升，领导者很难听到关于自身的真实反馈。这主要是因为其周围往往聚集了一些习惯于阿谀奉承的个体，导致沟通变得单向且闭塞。由于缺乏有效的反馈机制，领导者的潜在问题难以被及时指出，长此以往，企业的运营方向可能会产生偏差。

因此，作为领导者，在自己的缺点被指出时，应虚心接受。这不仅有助于个人的成长和工作氛围的改善，还有助于领导者展现榜样力量，引领整个企业向着更加积极、健康的方向发展。

领导者可以采用以下几种方法解决盲点问题。首先，要在企业中营造宽容的氛围，及时纠正"官大一级压死人"的不正之风。其次，要在企业内部构建有效的反馈体系，以实现真正的信息流通，避免由于小的问题得不到及时解决而造成更大的损失。最后，对于在企业日常运营中来自市场的各类投诉与建议，要积极接受，及时研判，有则改之，无则加勉。

6.1.3 潜力象限：任何员工都有潜力

潜力象限中的信息是自己和别人都不了解的信息。例如，尚未被探索的领域的信息，以及尚未明确的团队极限。潜力象限如同尚未挖掘的黑洞，或许借助某些偶然或者必然的契机，我们能够对其形成更为深入的认识。

潜力象限作为企业亟待挖掘的区域，是推动企业持续稳健发展的核心动力。为确保其得到充分的挖掘与利用，领导者需要高度重视并聚焦以下几个方面。

首先，领导者应摒弃自我主观意识的偏见，秉持标准化流程，为每位员工提供公平竞争的机会。其次，领导者应深信每位员工的潜在能力，并营造积极向上的工作氛围，以促使其潜力得到充分发挥。最后，领导者应精准识别企业中限制员工发挥能力的关键因素，并采取相应的措施，以激发员工的潜力，进而挖掘每位员工的未知技能。

6.1.4 公开象限：赢得尊重而不是恐惧

公开象限中的信息是指那些自己了解、他人也了解的信息，如姓名、性别等。在企业管理实践中，公开象限占据着举足轻重的地位。然而，值得注意的是，公开性具有相对性，某些信息对特定个体而言是公开的，但对其他个体而言可能属于秘密。在实际工作场景与人际交往中，当双方共同拥有的开放区域扩大，彼此间的沟通变得更为顺畅时，误解与隔阂将相应地减少。

公开象限与企业管理之间存在着密切的联系，个人工作进程的推进，实际上正是公开象限逐步扩大的过程。随着公开象限的扩大，员工之间的信任会相应地增强。一个拥有足够大的公开象限的个体，通常会展现出卓越的领导力。

要想扩大公开象限，领导者可以从以下几个方面入手。首先，领导者应努力将隐私象限转化为公开象限，即主动分享那些可能因羞涩或疏忽而未曾提及的信息，通过自我揭示来增进员工间的理解和信任。其次，将盲点象限转化为公开象限同样重要。这需要领导者在工作中保持开放的心态，积极接收各类反馈，并主动寻求他人的意见和建议。最后，充分重视反馈，以及时发现问题并做出相应的调整，从而提升员工间的协作效率和企业的凝聚力。

6.2 用沟通打造你的强大影响力

在当今这个快速变化的社会中，影响力已成为领导者实现个人成长的关键要素。沟通，正是领导者打造强大影响力的有力武器。良好的沟通能够打破隔阂，让领导者的思想得到传播，情感得到共鸣。

6.2.1 在沟通时，"鸡汤"比故事更有价值

在领导者与员工的沟通中，"鸡汤"和故事都是常见的手段，但"鸡汤"比故事更有价值。

"鸡汤"式沟通往往以简洁明了、直击人心的话语传递积极的价值观和信念。它能够迅速点燃员工内心的激情和动力，让他们在短时间内获得精神上的鼓舞。例如，"只

要你足够努力，就没有什么做不到"这句话，能够在员工感到疲惫和迷茫时，为他们打一针强心剂，激发他们继续拼搏。

相比之下，故事虽然也能传达一定的道理，但在信息传递的效率上可能不如"鸡汤"。我们通常需要一定的时间来讲述和理解故事，其情节的复杂性可能导致重点不够突出。而在快节奏的工作环境中，领导者需要以直接、快捷的方式让员工明确目标和方向，"鸡汤"能够更快地达到这一效果。

"鸡汤"还具有很强的普适性。它所传达的理念往往不受具体情境的限制，能够适用于各种工作场景和员工群体。无论是新员工，还是老员工，一句"只要永不放弃，你就能成功"都能为他们提供前进的力量。而故事可能因为背景和情节的特殊性，让不同的员工有不同的认知，难以达到统一的激励效果。

此外，"鸡汤"更易于记忆和传播。简洁有力的语句容易在员工的脑海中留下深刻的印象，他们可以在日常工作中随时回想起来，自我激励。而且，员工之间也更容易传播这些"鸡汤"，形成积极向上的工作氛围。

综上所述，在与员工沟通时，领导者应充分利用"鸡汤"，以更好地激励员工，提升他们的士气和创造力。

6.2.2 树立威信，行动胜过语言

在树立威信的过程中，行动往往比语言更具有影响力和说服力。领导者可以通过以下四种方法树立威信，如图 6-2 所示。

1. 以"德"树威

领导者应当注重修身养性，以树立良好的品德，提升自身的核心竞争力。优秀的品德不仅是一种无形的魅力，更是一种能够潜移默化地影响他人的力量。领导者需要保持内心正直、言行一致，行为端庄得体，气质庄重稳健，以赢得员工的尊敬，从而树立起自己的威信。

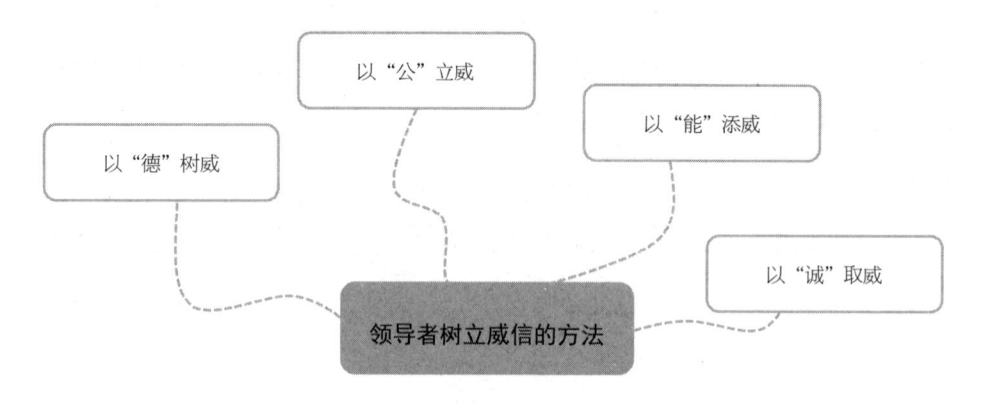

```
                    以"公"立威
                              以"能"添威
  以"德"树威

                                        以"诚"取威

            领导者树立威信的方法
```

图 6-2　领导者树立威信的方法

2. 以"公"立威

在企业中，领导者所秉持的价值观与行为准则，如是否以公共利益为导向、是否致力于员工的福祉、是否通过合理利用公共资源来经营企业而非追求个人利益，是决定企业内部凝聚力与外部声誉的关键因素，也是衡量一个领导者是否称职的试金石。

领导者肩负着重大的责任，手中拥有大量的资源。然而，如果这些资源未能被妥善应用于企业的运营与发展，而是被领导者用于自我提升，那么将对企业的发展造成不可估量的损失，同时也会削弱员工对企业的信任。

3. 以"能"添威

领导者能力的范畴比较广泛，包括管理能力、业务能力、沟通能力、决策能力、问题解决能力、宣传鼓动能力、说服教育能力、观察分析能力和开拓创新能力等。对这些能力的综合运用，是确保领导者能够高效履行职责、引领企业持续发展的关键。

在人际关系建立初期，个体往往会对另一方的实力、性格、才干及优缺点进行全面评估。当发现对方在某些方面超越自己时，个体就会产生敬畏与服从的心理。然而，需要明确的是，人的能力并不是天生的，而是需要个体通过不断的学习与实践来积累和提升的。领导者应以开放的心态持续学习，在工作中不断汲取经验，在管理中深化理解，将每一位比自己更优秀的个体都视为值得尊敬的老师，以不断提高自己的各项能力。

4. 以"诚"取威

在管理实践中，诚信是领导者赢得员工尊重和信任的关键。领导者应以坦诚的态度面对每一位员工，以实际行动践行自己的承诺。这样不仅能够增强员工对领导者的信任，还能够激发员工的工作热情。

总之，领导者要树立威信，不能仅依赖言辞，还要通过实际行动展现自己的能力。只有这样，领导者才能赢得员工的尊重和信任，带领员工走向成功。

6.2.3 拒绝"一言堂"，让员工发表意见

在企业管理中，领导者拒绝"一言堂"，积极鼓励员工发表意见，是打造高效团队、推动创新和实现企业可持续发展的关键。

通用电气公司前首席执行官杰克·韦尔奇秉持的经营理念明确且坚定，即企业运营的顺畅依赖于下级对上级所做出的决策的准确执行。然而，这种执行并非下级对上级所做出的决策的机械性遵从。杰克·韦尔奇明确指出，过度的服从可能导致企业运营的僵化，他倡导员工积极参与企业的发展策略讨论，贡献自己的智慧，提出具有建设性的意见，并鼓励员工在工作中积极创新。

"一言堂"的管理模式，即领导者独断专行，不听取员工的想法和建议，存在诸多弊端。它会抑制员工的工作积极性和创造力，让员工感到自己的价值被忽视，从而仅机械地执行任务，而不会主动思考和提出创新的想法。长此以往，企业将缺乏活力和创新精神，难以适应不断变化的市场环境。

如果领导者拒绝"一言堂"，鼓励员工积极发表意见，就会带来一系列积极的变化。首先，能够增强员工的归属感和责任感。当员工的意见被重视和采纳时，他们会感到自己是企业的一部分，从而更加投入地工作，为实现企业目标而努力。

其次，能够使企业获取多元化的观点和思路。每个员工都拥有不同的背景、经验和知识，他们的意见能够为企业带来全新的视角和解决方案。通过倾听员工的意见，

领导者能够集思广益，从不同的角度审视问题，做出更全面、更合理的决策。

例如，在一个产品研发团队中，领导者在讨论新产品的设计方案时，没有直接拍板决定，而是让每个员工都发表自己的意见。一位年轻的员工提出了一个新颖的设计理念，经过大家的讨论和完善，这个新颖的设计理念最终被采纳并被成功推向市场，取得了良好的业绩。这个案例充分说明了让员工发表意见的重要性。

为了真正实现让员工发表意见，领导者需要营造开放、包容和信任的工作氛围。领导者应以平等的姿态与员工交流，尊重并认真倾听员工的意见，即使存在不同意见，也要耐心地解释。同时，建立有效的反馈机制也是至关重要的，能够让员工了解他们的意见是如何被处理或采纳的。

综上所述，领导者拒绝"一言堂"，积极鼓励员工发表意见，是一种明智且富有远见的管理策略。它能够激发员工的潜能和创造力，提升企业的效能和创新能力，使企业在激烈的竞争中保持灵活性和适应性。

6.2.4 双管齐下：赞美+批评

领导者巧妙地运用赞美和批评这两种手段，双管齐下，往往能收到意想不到的效果：激发员工的潜能，提升企业的整体效能。

赞美作为一种强大的激励力量，在领导者真诚地认可员工的出色表现、辛勤付出和创新思维时，能够极大地增强员工的自信心和工作积极性。这种正面的反馈让员工感受到自身价值被认可，从而更加投入地工作，追求更高的目标。例如，一位员工成功完成一个具有挑战性的项目，领导者在团队会议上公开表扬其专业能力和坚韧不拔的精神，能够增强该员工的自豪感，也激励其他员工向他学习，争取获得同样的认可。

然而，仅仅有赞美是不够的，批评在企业管理中同样不可或缺。批评员工不是为了打击员工，而是为了帮助员工认识到自己的不足，以便改进，从而最终得到成长。当员工犯错误或在工作上不达标时，领导者应及时、客观地提出批评，并给予建设性的意见和建议，让员工明白问题所在和改进的方向。但领导者在批评员工时需要注意方式和方法，避免使用情绪化和攻击性的语言，应以解决问题为出发点，让员工感受到领导者对他的关心和期望。

在运用赞美和批评的手段时，领导者需要做好平衡。过度的赞美可能导致员工骄傲自满，而过度的批评则可能使员工失去信心和动力。因此，赞美应基于员工的真实成就和优点，批评应基于具体的行为和问题，避免一概而论或主观臆断。

例如，在一家销售企业中，某位员工连续几个月业绩突出，领导者对其给予充分的赞美和奖励。另一位员工因粗心导致重要客户流失，领导者在私下与其进行了严肃的谈话，指出了问题的严重性，并和他一起共同探讨改进的方法。这种赞美和批评相结合的管理模式，使企业始终保持积极进取的态势，持续提升业绩。

总之，领导者双管齐下，合理运用赞美和批评，能够营造一个积极向上、充满活力的工作环境，从而激发员工的最大潜力，实现企业和个人的共同发展。

6.3 记住，倾听始终很重要

有效地倾听不仅是建立良好工作关系的基石，还是领导者获取信息的有效途径，更是解决问题的关键。当领导者真正用心倾听员工的声音时，不仅能够深入理解员工的需求和困扰，还能够敏锐地捕捉到潜在的问题和创新的火花。

6.3.1 共情式倾听：与员工站在一起

领导者与员工之间的有效沟通对企业的成功至关重要。共情式倾听是一种深度沟通的方式，能够让领导者真正与员工站在一起，理解他们的需求、感受和期望，从而与其建立起更加紧密的关系。

在倾听过程中，产生共情和换位思考是非常重要的。毕竟每个人都希望在自己表达观点时，对方能用心倾听，并从自己的角度思考问题。例如，员工说："去高档小区做地推根本行不通，出入小区都需要刷门禁卡，如果我们强行混入，马上就会遭到保安驱逐。不仅起不到宣传的作用，还会损害企业的形象。"领导者可以这样回应："你说的很有道理。这样不仅有损企业的形象，还会让你难以完成工作，确实应该另想办法去做推广。"

如果领导者能设身处地地为员工着想，理解员工的想法，而不是指责员工，单纯地认为员工在推卸责任，那么沟通将会变得更加顺畅，上下级之间的摩擦也能适当减少。领导者可以通过采取以下三种方法做到共情式倾听，如图 6-3 所示。

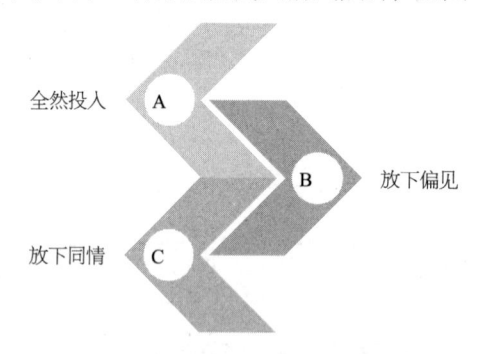

图 6-3　领导者做到共情式倾听应采取的方法

1. 全然投入

共情式倾听要求领导者摒弃以自我为中心的思想，全身心地倾听员工所表达的想法。例如，张总特别喜欢找员工谈话，但在每次谈话时他都会克制不住自己的表达欲望。有一次，他找 HR 小林商量改进员工培训的问题，小林向他反映了一些新进员工的问题，可还没等小林说完，他就打断了小林，然后发表了一通自己认为新进员工应该如何做的观点，全然不顾实际情况。最后，小林直到走出办公室也没能把新进员工的问题反映给张总。

案例中的张总能够意识到沟通的重要性，但始终以自我为中心地看待问题，没有站在员工的角度去思考好的培训应该是怎样的。如果张总意识不到这一点，就很难做出符合实际情况和员工需求的决策。

2. 放下偏见

和共情式倾听相对的是有倾向性地倾听。也就是说，领导者在倾听前就已经有了自己的想法，在倾听时，会不自觉地按照自己的想法思考，从而忽视了他人的真实意图。

要想做到共情式倾听，领导者就要学会放下偏见，以空杯心态去接收每一种声音。具体而言，领导者需要认识到自己存在的偏见，并承认这些偏见会阻碍有效倾听。偏见可能源于过去的经验、个人价值观、文化背景等。通过自我反省和诚实面对，领导者可以放下偏见，冷静而客观地倾听员工的声音。

3. 放下同情

在沟通过程中，领导者需要区分同情与共情这两个相似但不同的概念。同情是与他人共同体验情绪，多关注过去的感受；而共情则是深入他人内心体验情绪，更关注当下的感受。同情可以让当事人在不进入他人内心的情况下与他人产生情感联系，而共情则需要当事人真正地进入他人的内心，倾听其真实的想法。有时，领导者可能会将共情误用为同情。然而，同情会阻碍领导者深入了解员工的内心世界。因此，在倾听时，领导者应将员工视为独立的个体，以他们为中心，关注他们当下的情绪，并挖掘他们隐藏的真实想法。

6.3.2 通过倾听收集对方的信息

倾听不仅是一种基础的交流方式，更是管理中不可或缺的一环。它使得领导者能够收集重要的信息，深入了解员工的需求和企业的状态。

成功的领导者在倾听的同时还会进行思考，他们会不断搜寻员工所表达的内容的矛盾点及核心要点，明确员工对事情的看法。在员工表达完毕后，他们会给出自己的意见。这样的沟通方式不仅会使沟通变得更加顺畅，还会使领导者获得员工的信任与尊重。领导者要想通过倾听收集信息，需要注意以下五个关键点，如图 6-4 所示。

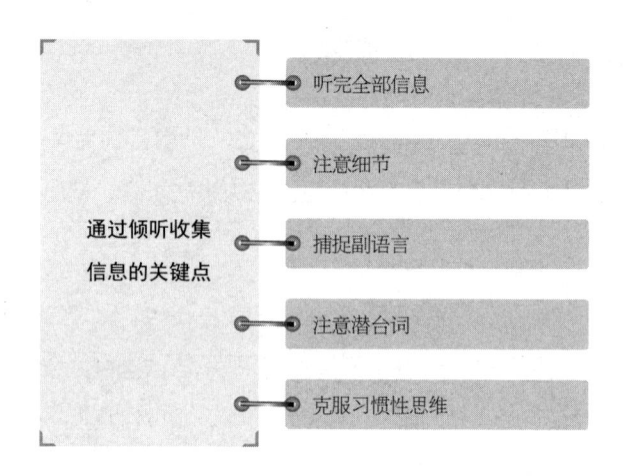

通过倾听收集信息的关键点：
- 听完全部信息
- 注意细节
- 捕捉副语言
- 注意潜台词
- 克服习惯性思维

图 6-4　通过倾听收集信息的关键点

1. 听完全部信息

领导者在倾听时应避免打断对方。领导者有时会过早地认为自己已掌握对方的信息要点，急于打断员工并匆忙做出结论。这种做法可能导致结论片面，而且打断员工讲话对员工也不尊重。领导者应耐心倾听，避免心不在焉，错过关键信息。

2. 注意细节

领导者在倾听时可以记录一些自己觉得重要的细节，最好能梳理清楚它们之间的联系，有时关键信息就隐藏在细节中。

3. 捕捉副语言

员工在汇报时所表现出来的副语言能反映出他们对问题的态度。例如，语速加快可能表示其所表达的信息不重要，而重音和语调的变化则表示员工可能在强调重点。领导者要注意员工在汇报时语调、重音、语速等副语言的变化，以洞察员工对问题的真实态度。

4. 注意潜台词

有时，员工可能因为畏惧权威而不敢直接表达某些信息，转而使用"潜台词"。潜台词是在不方便直接表达时采用的措辞。例如，员工表示"对于这个方案，就连××

（某业务骨干）也是这样认为的"，可能暗示这个方案已经得到权威人士的认可，没有修改的必要。通过解读潜台词，领导者可以深入了解员工对问题的真实看法。

5．克服习惯性思维

其实，人们总是会下意识地对听到的话进行评价，这种习惯性思维会导致领导者只能听到自己想听到的信息。为了取得更好的倾听效果，领导者应打破习惯性思维，保持客观和理性的态度。

6.3.3 切勿随意进行主观价值判断

在企业管理中，领导者需要面对各种各样的情况和问题，做出很多决策和判断。其中，一个重要的原则是，领导者切勿随意进行主观价值判断。

主观价值判断往往是基于个人的经验、情感、偏见或先入为主的观念做出的，而不是基于客观事实和全面的分析做出的。主观价值判断可能引发的问题如图 6-5 所示。

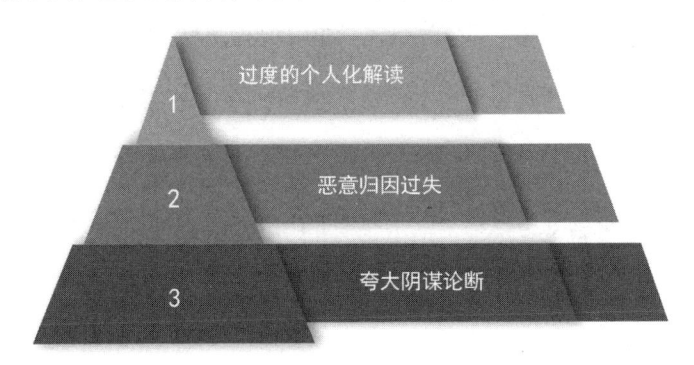

图 6-5　主观价值判断可能引发的问题

1．过度的个人化解读

在遭遇不利局面时，人们往往会基于过往的经验直接判定可能的原因。例如，当项目出现问题时，领导者可能会认为问题出在平时业绩不佳的员工身上。

2. 恶意归因过失

有时人们会对他人的善举持怀疑态度，甚至认为其动机不纯。例如，一位经常与领导者发生争执的员工突然变得顺从，领导者可能不会认为他在做出改变，反而会猜疑他是否在策划什么不利于自己的事。

3. 夸大阴谋论断

有时人们喜欢将问题复杂化，并把它和权力等因素关联起来，得出一种阴谋论断。例如，领导者没有给自己回邮件，却回了其他人的邮件，有些员工就会猜测："领导者应该更偏爱另一支团队，我们团队在年底可能评不上优秀团队了。"

那么，领导者应如何避免在倾听时进行主观价值判断，并控制自己的疑虑呢？以下策略可供参考。

1. 注意地位的影响

在和身居高位者对话时，那些较为弱势的人容易出现过度警觉的情况，而身居高位者则会下意识地主导谈话，这样会加剧彼此之间的误解。因此，在倾听时领导者要注意不要给员工带去压迫感，多评价事件，而不是评价人。

2. 反驳自己

如果领导者已经就某事得出了结论，不要急于表达观点，而是要试着证明结论是错的。因为一旦人们确定了某种结论，就会倾向于搜集支持该结论的证据，并排斥其他结论。

3. 接纳相反的观点

在倾听过程中，领导者应保持开放的心态，不要急于否定与自己的意见不符的观点。领导者应鼓励员工表达与自己的意见相反的观点，并重新评估自己对事实的解读，结合双方的观点，得出更为准确的结论。

第 7 章
授权与问责：权责清晰很重要

有效地授权能够激发员工的工作积极性和创造力，使他们拥有充分的空间施展才华。然而，如果没有明确的问责机制，授权就可能沦为无序的放任。

相反，如果只有严厉的问责，而缺乏合理的授权，员工就可能会因束手束脚而难以发挥出最佳水平。只有权责清晰，领导者与员工才能明确各自所扮演的角色及其责任，更好地开展工作。

7.1 授权是领导者的核心工作

授权并非简单地分配任务，而是一种信任的传递，是激发员工潜能的有效手段。懂得授权的领导者，能够让员工充分发挥自己的才能，实现自身的价值。同时，有效地授权也为领导者节省了时间和精力，使其能够专注于更具战略意义的决策。

7.1.1 是什么影响了领导者的授权认知

领导者的授权认知对企业的发展和运转效率来说有着重要的影响。然而，很多因素会影响领导者的授权认知。

首先，领导者自身的性格特点和领导风格会影响其授权认知。一些领导者较为谨慎保守，倾向于掌控一切细节，对权力下放存在顾虑，担心无法控制局面。而具有开放和信任特质的领导者则更愿意授权，相信员工能够胜任工作并做出正确的决策。

其次，领导者的经验和经历会影响其授权认知。如果过去领导者曾因过度授权而导致工作出现问题或失误，那么他们可能会在今后的管理中表现得更为谨慎，减少授权。相反，如果他们在过去的工作中通过适度授权取得了显著成效，就更有可能积极地授权。

再次，企业文化会影响领导者的授权认知。在等级分明、集权管理的企业中，领导者可能会受到企业文化的影响，认为权力应集中在高层领导者手中，而不太愿意向基层员工授权。反之，在鼓励创新、倡导员工自主的企业中，领导者更愿意授权。

然后，员工的能力和素质会影响领导者的授权认知。如果员工能力不足、缺乏责任心或经验匮乏，领导者就会对授权持谨慎态度。如果员工拥有较强的专业能力和解决问题的能力，以及良好的职业道德，领导者就会更放心地将权力下放。

最后，外部环境的不确定性和风险会影响领导者的授权认知。在竞争激烈、市场环境快速变化的情况下，领导者可能更倾向于集中权力，以迅速做出决策、应对挑战。而在相对稳定的环境中，领导者可能更愿意给予员工更多的自主权。

7.1.2　正式授权和非正式授权

正式授权和非正式授权是领导者在向员工授予权力时采取的两种不同方式，它们各有特点，如表 7-1 所示。

表 7-1　正式授权和非正式授权的特点

对比维度	正式授权	非正式授权
授权形式	通过明确的组织程序、正式文件和书面协议等明确规定	通过口头交流、暗示、默许等方式
授权记录	有详细的书面记录和正式的流程	通常无明确的书面记录和规范
权威性	具有较强的权威性	权威性相对较弱
明确性	权力的范围清晰、明确	权力的范围相对模糊
稳定性	相对稳定，不会轻易改变	较易受到情境变化和领导者态度的影响

正式授权是指领导者通过明确的组织程序、正式文件和书面协议，将特定的权力授予员工。这通常包括明确的职责描述、权力范围、工作目标，以及相应的资源配置。

正式授权的优点在于其明确性和权威性。由于有清晰的书面记录和正式的流程，员工清楚地知道自己所拥有的权力和应承担的责任，避免了权力界限模糊和职责不清的问题。这有助于提高工作的规范性和效率，同时也为评估员工的绩效提供了明确的标准。

然而，正式授权也存在一定的局限性。其过程相对烦琐，可能需要较长的时间来完成程序。而且，由于规定较为严格，可能在面对突发情况或需要灵活处理的问题时，正式授权缺乏足够的弹性。

非正式授权是指领导者通过口头交流、暗示、默许等方式，将权力授予员工。这种授权方式通常较为灵活，能够及时应对工作中的各种变化和突发情况。

非正式授权的优点在于其灵活性和及时性。它可以在短时间内完成权力的转移，让员工能够迅速做出决策并采取行动。同时，由于没有过多的正式程序和文件的约束，员工在处理问题时有更大的发挥空间。

非正式授权也存在一些潜在的问题。由于缺乏明确的书面记录和规范，非正式授权可能会导致权力的行使不规范，甚至出现权力滥用的情况。而且，员工可能对权力的范围和界限产生误解，从而引发内部的矛盾和冲突。

综上所述，正式授权和非正式授权各有优劣，领导者在实际工作中应根据具体情况灵活运用，以达到最佳的管理效果。

7.1.3 与授权匹配的文化氛围

领导者仅进行授权是远远不够的，还需要营造与之相匹配的文化氛围，以确保授权能够真正发挥作用，促进企业的发展和创新。

与授权相匹配的文化氛围应该是由信任主导的。领导者要充分信任员工的能力和判断力，相信他们在被授予权力后能够做出正确的决策和采取正确的行动。员工在受到信任后，会增强责任感和使命感，会更加积极主动地投入工作，充分发挥自己的潜力。

开放和透明是与授权相匹配的文化氛围的重要特征。领导者应鼓励员工分享想法、意见和建议，这些想法、意见和建议可能源自成功的经验，也可能源自失败的教训。信息的自由流通能够让员工在决策时有更全面的参考，减少因信息不对称而导致的失误。同时，开放、透明的环境也有助于及时发现问题和解决问题，避免小问题积累成大危机。

容错在与授权相匹配的文化氛围中同样不可或缺。在授权的过程中，员工难免会犯错。领导者要有宽容的心态，将犯错视为员工学习和成长的机会，而不是一味地指责和惩罚员工。当员工知道即使犯错也能得到理解和支持时，他们会更敢于尝试新的方法和思路，推动企业的创新和变革。

例如，某科技公司的领导者授权一支年轻的团队开发新的产品。在开发产品过程中，该团队遇到了技术难题，导致项目进度滞后。领导者没有责备该团队的成员，而是与他们一起分析问题，并为他们提供必要的支持。最终，该团队成功克服困难，推出了一款具有创新性的产品。

总之，营造与授权匹配的文化氛围，能够激发员工的工作积极性和创造力，提升企业的竞争力，使企业在不断变化的市场环境中保持活力和创新精神，实现可持续发展。

7.1.4 王石：真正的授权家

王石是万科集团的创始人，曾任万科集团总经理、董事长一职。他热爱登山，并将心得融入他的生活哲学之中。在担任万科集团管理职务期间，他让万科集团这艘商业巨轮在发展的航道上稳健前行。

王石被誉为"真正的授权家"，这一称谓源于他独特的管理理念和管理方式。王石深谙授权之道，充分信任和依赖员工，让他们能够发挥各自的专长和作用。他深知，一个人的能力和精力是有限的，但通过合理授权，可以激发整个团队的工作积极性和创造力，使更多人为企业的发展贡献智慧和力量。

在用人方面，王石有着自己独到的见解。他会在深思熟虑后决定是否做某件事，并精心挑选最合适的员工来执行。即使被授权的员工犯了错误，他也会主动承担责任，展现出自己作为领导者的担当。他认为，一个聪明的领导者不会因下属的小错误而过度指责，而是会给予他们改正的机会，让他们学习和成长。同时，他也注重建立有效的监督机制，在原则和道德问题上对员工进行严格约束，以确保企业健康发展。

王石还很注意自己与管理层之间的关系，以促进企业的发展。在卸任总经理后，他主动将大部分管理职责交给了新任总经理，而不是"垂帘听政"。他认为，一家成熟的企业不应过分依赖某个人，而应拥有优秀的职业经理人团队。

7.2 合理授权：抓大事，不问琐事

领导者合理授权不仅是管理大事、把握全局的必然要求，还是激发员工的活力和工作积极性的关键举措。合理授权能使员工感受到施展个人智慧与才能的快乐，摆脱枯燥、重复的工作的束缚，进而提升工作满足感。通过这样的方式，领导者不仅能够有效减轻自身的工作负担，还能够充分激发员工的工作积极性和创造力，实现企业整体效能的提升。

7.2.1 授权前内部讨论

授权是一项重要决策，在做出授权决策之前，进行内部讨论具有至关重要的意义。

内部讨论能够帮助领导者更全面地评估潜在的被授权者。通过与员工交流，领导者可以汇集多方面的信息。不同的员工可能与潜在的被授权者在不同的工作场景中有过接触，从而能够提供更丰富、更立体的信息。这有助于领导者发现被授权者未曾展现出来的能力，或者尚未暴露的不足和问题，从而做出更准确的判断。

此外，内部讨论还能让领导者对授权的任务本身进行更深入的思考。员工可以从

各自的专业角度出发,对任务的难度、风险、所需资源及其可能产生的影响进行分析。这有助于领导者明确任务的关键节点和重点要求,从而在授权时给予被授权者更清晰、更具体的指导。

例如,在考虑将一个重要项目的决策权授予某位员工时,通过内部讨论,领导者发现该员工在技术方面能力突出,但在协调跨部门合作方面存在不足。基于这一讨论结果,领导者在授权时可以有针对性地提供支持和资源,以弥补该员工潜在的短板。

内部讨论也是统一团队思想、明确目标的过程。在讨论中,领导者可以向员工阐述授权的目的和意义,让他们明白这一决策对实现企业目标的推进作用。同时,通过倾听员工的意见和建议,领导者能够更好地协调各方的利益,避免因授权而引发不必要的内部矛盾和冲突。

内部讨论有助于构建一种开放、民主的文化氛围。当员工的声音被听到、意见被重视时,他们会更有归属感和责任感,会更积极地参与到各项工作中。这种文化氛围能够促进企业的创新和发展,增强企业的凝聚力和战斗力。

总之,领导者在授权之前组织内部讨论是一种明智的管理策略。它能够提高授权的准确性和有效性,增强企业的凝聚力和战斗力,为企业的发展奠定坚实的基础。

7.2.2 明确授权任务与授权范围

授权是一种重要的管理手段,但要确保授权的有效性和合理性,就要明确授权任务与授权范围。

明确授权任务可以让被授权者清楚地知道自己需要完成的具体工作内容。如果授权任务不明确,被授权者就会感到迷茫,不知道工作的重点和方向,从而导致工作效率低下。例如,在分配项目时,如果领导者只简单地要求"处理这个项目",未详细说明项目的具体目标、执行要求和时间节点,员工可能会因缺乏明确指导而浪费大量的时间,甚至因理解存在偏差而无法取得预期的效果。这样既不利于项目的高效推进,也不利于员工能力的充分发挥。

明确授权范围也很重要。授权范围界定了被授权者在执行授权任务过程中所拥有的权力和决策权限。清晰的授权范围能够避免被授权者在工作中出现越权或者不敢决策的情况。例如，某企业的领导者授权一位员工负责开展市场营销活动，如果没有明确该员工在预算使用、合作方选择等方面的具体权限，可能会导致其在面对一些需要及时做决策的问题时犹豫不决，或者在不知情的情况下做出超出权限的决策。

在企业运营过程中，领导者明确授权任务与授权范围，不仅有助于被授权者了解工作目标，还有助于提升他们的工作信心和动力，确保高效完成任务。同时，这也为领导者提供了标准化的评估依据。基于事先设定的授权任务与授权范围，领导者能够系统地对被授权者的工作进展和成果进行精准的评估，从而及时提供必要的指导和帮助，以保障企业目标的顺利实现。

此外，明确授权任务与授权范围还有助于减少企业内部的冲突和误解。其他员工能够清楚地了解被授权者的职责和权力边界，避免因职责不清而产生推诿、扯皮的现象，提高企业员工的协作效率。

7.2.3　如何防止重复授权

重复授权是一个容易出现但又必须避免的问题。它不仅会导致管理混乱、效率低下，还会引发员工之间的矛盾和冲突。

为确保授权的有效性和准确性，授权事宜必须明确到具体的某个人，避免使用模糊、含糊不清的措辞。而且，对于同一项任务，不应同时授权给多人，以避免工作重叠和资源浪费。

在授权过程中，领导者可能因疏忽或表述不清而导致重复授权。如果下级员工未能准确理解领导者的意图，误将重复授权的任务视为己责而开始工作，就会造成资源的无谓消耗和企业内部的混乱。为防止重复授权，领导者可采取图7-1所示的一系列方法。

防止重复授权的方法:
- 建立清晰的授权体系和流程
- 加强沟通与协调
- 具有清晰的思路和全局观
- 定期对授权情况进行审查和评估

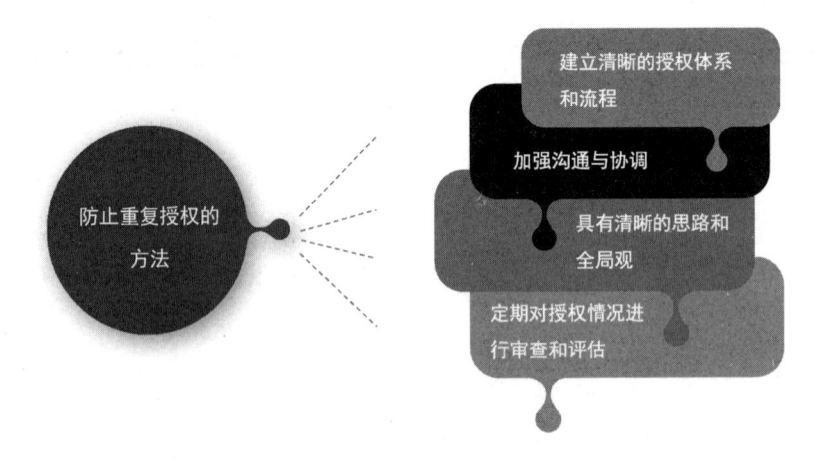

图 7-1　防止重复授权的方法

1. 建立清晰的授权体系和流程

领导者在进行授权之前，应先对各项任务进行明确的分类和界定，以确定每项任务的责任归属和权力范围。同时，领导者需要制定规范的授权申请和审批流程，确保每次授权都有详尽的记录，以供追溯和监督。

2. 加强沟通与协调

在授权时，领导者应与相关部门的员工进行充分的沟通，了解各项工作的进展情况和人员安排，避免因为信息不对称而导致重复授权。例如，在分配任务时，领导者应与相关团队的负责人进行交流，确认是否已有其他员工负责类似的工作或存在职责重叠。

3. 具有清晰的思路和全局观

领导者应对企业的工作内容和员工的能力有全面的了解，以准确判断哪些任务需要授权，以及应授权给哪位员工。领导者应避免凭直觉或临时起意进行授权，应基于深思熟虑和综合考量做出决策。

4. 定期对授权情况进行审查和评估

领导者应定期审查各项任务的执行情况，评估授权是否合理、有效。如果发现有重复授权的情况，领导者应及时调整和纠正，并总结经验教训，避免类似问题再次产生。

7.2.4 对被授权者的纪律约束

领导者对被授权者实施纪律约束的主要目的在于，确保被授权者的行为与企业的价值观和规章制度保持一致，进而保障企业的稳定运行和持续健康发展。

企业内部通常拥有一系列明确的原则和规范，它们是企业正常运转，维持公平、公正的秩序的基石。如果被授权者在行使权力时违反这些原则和规范，就会破坏企业的秩序和形象，进而削弱企业的凝聚力。

纪律约束能够防止被授权者滥用权力。在被授予权力后，如果没有相应的约束，被授权者可能会因为个人私利或者短视行为而做出不利于企业整体利益的决策。例如，被授权者在采购过程中，为了谋取私利而选择零配件质量不过关但能给自己带来好处的供应商，这将严重损害产品的质量和企业的声誉。

此外，纪律约束还有助于培养被授权者的责任感和自律性。明确的纪律约束可以让被授权者清楚地知道自己的行为边界，促使他们在做决策时更加谨慎，思考其带来的后果和影响。这有助于被授权者在工作中养成良好的职业习惯，提升个人的职业素养。

为了有效地进行纪律约束，领导者需要制定明确、具体且可操作的纪律规范。这些纪律规范应当涵盖工作流程、职业道德、保密要求等方面，让被授权者清楚地知道什么是可以做的、什么是绝对禁止做的。在保障企业运营的规范性方面，领导者应当加强对被授权者的监督。需要注意的是，监督应适度，旨在预防潜在的不当行为，而非对被授权者施加过度的压力，从而影响其工作的积极性和创造力。

当发现被授权者违反纪律时，领导者应公正、及时地采取相应的措施。根据违反纪律的性质和严重程度，领导者可以做出给予警告、处罚，甚至撤销授权等处理，并将处理结果在企业内部通报，以儆效尤。

总之，领导者对被授权者进行纪律约束，并不是为了对其权力进行限制，而是为了确保权力得到正确行使，进而促进企业的健康发展和被授权者的个人成长。

7.3 如何让问责发挥最大价值

在管理过程中，问责是确保企业高效运行、目标达成的重要手段。如何让问责发挥最大价值，是领导者需要深入思考的关键问题。通过采取恰当的方式和策略，领导者能够有效地利用问责，将其转变为推动企业进步、强化执行能力的关键力量，从而为实现企业的长远目标奠定坚实且稳固的基础。

7.3.1 问责≠指责

问责不等同于指责，它聚焦事件本身而非个体，旨在通过一种平和的方式指导并促进问题的识别与解决。问责的核心在于问题的识别与解决，而指责往往带有感情色彩，不仅针对事件，还针对个体进行人身攻击。指责不仅不能有效揭示问题的核心、促进问题得到解决，还可能加剧矛盾和冲突。

例如，当一个项目未能按时结束时，领导者应该与相关人员一起回顾项目的进度安排、资源分配、遇到的困难等，找出导致项目进度延误的真正原因。如果领导者只是一味地指责负责项目的员工工作不力，而不深入分析问题的根源，那么在下次做类似的项目时可能还会出现同样的问题。

问责关注改进和预防措施的制定与落实，而指责通常只停留在对错误的批评上。在问责的过程中，领导者要与员工共同探讨如何改进工作流程、提升能力、优化资源配置等，制定切实可行的预防措施，并跟进执行情况。通过采取这种方式，领导者可以将问责转化为提升企业绩效的机会。

为了让问责发挥最大价值，领导者需要具备良好的沟通技巧和情绪管理能力。在问责过程中，领导者要保持冷静，以平和的态度与员工交流，让员工感受到这是一次帮助他们成长和进步的机会，而不是对他们的惩罚。

总之，领导者要清晰地认识到问责不等同于指责，要正确、合理地进行问责，激发员工的责任感和创造力，提升企业的整体效能，为企业的发展创造更大的价值。

7.3.2　问责文化引爆执行力

问责文化的核心在于确立明确的责任界限。领导者需要确保每名员工都清楚地了解自身的职责，以及在整个工作流程中的定位与价值。当责任划分清晰时，员工能够更准确地把握工作目标，进而有针对性地开展工作。

要想构建问责文化，持续地监督与及时地反馈至关重要。领导者需要密切关注工作进展，一旦发现问题，就要迅速介入并予以指正。这样能够让员工感受到自己的工作被重视，从而让他们更加认真地对待每一项任务。此外，持续地监督与及时地反馈还能预防工作拖延和失误，进而提升整体的工作效率。

例如，一家销售型企业设定了每月的销售目标，并将其分解到每个销售团队和个人。领导者不仅会在每月月底查看销售数据，还会跟进销售策略的执行情况、客户反馈等。对于未达成阶段性目标的销售团队和个人，领导者会及时与其沟通，分析原因，寻找改进的方法。这种对结果的持续问责，使得销售团队始终保持高度的紧迫感和极强的执行力，不断挑战更高的销售目标。

问责文化还能激发员工的自我驱动力和创新精神。当员工知道自己的工作将被严格评估时，他们会更加积极主动地提升自己的能力和素质，以应对工作中的各种挑战。同时，为了避免因循守旧导致的工作失误，他们会勇于尝试新的方法和思路，为企业带来更多创新和突破。

例如，在一个项目研发团队中，领导者明确了项目的阶段性交付成果与时间节点，并对各阶段工作进行严格评估与问责。在这种形势下，员工不断学习新技术、探索新方法、优化研发流程，最终提前完成项目并取得超出预期的成果。

此外，问责文化的构建离不开坦诚、透明的工作环境。要想营造这样的工作环境，领导者需要强调并践行诚实、尊重、坦诚和透明等品质，确保这些品质在企业内部得到充分体现。同时，领导者还要积极推行信息共享，让员工充分了解政策背后的考量与动机，以便他们基于对政策的全面了解做出更为明智的决策。

当问责文化在企业内部深入人心时，员工将更自觉地遵守规章制度，主动承担责任，不断提升工作能力。这种积极向上的工作氛围将极大地增强员工的执行力，使企业在市场竞争中脱颖而出。

7.3.3 细化企业责任：责任到人

在企业管理中，细化责任并将其明确到人是一项至关重要的工作。这不仅能够提高企业的工作效率和工作质量，还能够增强员工的责任感和归属感，促进企业的和谐发展。

将企业责任细化到个人的优势在于，能够显著提升工作的精确性和专业性。这一做法能够确保每个员工都明确自身的职责范围，从而减少工作失误，提高整体的工作效率和工作质量。

当每个员工都清楚地知道自己负责的具体任务和职责范围时，他们能够集中精力，深入钻研自己的工作领域，从而提高工作质量和工作水平。例如，在一个项目开发团队中，如果领导者将设计、编程、测试等环节的责任明确到具体的员工，那么每个环节都能得到更专业的处理，从而减少因职责不清而导致的工作重叠或遗漏。

领导者可以通过采取以下五种方法在企业管理中实现责任到人，如图 7-2 所示。

1. 明确职责与任务

领导者应确保员工清晰地了解自己的职责，保障工作顺畅。在分配任务时，领导者需要明确目标、标准和时限，使员工对任务要求有清晰的认识。这样员工能够全面地理解任务，有效履行职责，确保任务顺利完成。

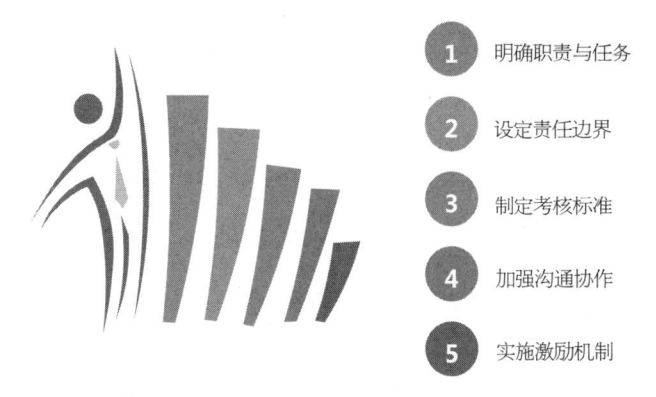

图 7-2　领导者在组织管理中实现责任到人的方法

2．设定责任边界

为了确保责任明晰、避免工作交叉重叠，领导者有必要设定明确的责任边界。这要求领导者在任务分配过程中，精确定义各项任务的责任主体及其职责范围，以确保每项任务均有明确的负责人。

3．制定考核标准

领导者应制定清晰、具体的考核标准，以确保每个员工都明确自己的职责，并有效地履行职责。考核标准应当与企业的目标相符，并能够反映每个员工的职责范围。考核标准应具有客观性，能够准确评估员工的表现及其创造的成果。通过实施考核，领导者不仅能够激发员工履行职责的积极性，还能够及时获得员工工作情况的反馈，从而优化企业的整体运作。

4．加强沟通协作

责任到人的实现，有赖于员工间的高度协同。领导者应当积极倡导员工间的信息交流，定期组织会议，共享工作进展，进行深入讨论。这样不仅能够推动员工协作的深化，还能够促进资源共享，创造更大的价值。

5．实施激励机制

领导者需要构建一套高效的激励机制，全面考虑物质因素和精神因素，以充分激发员工履行职责的积极性。

在物质因素方面，领导者可以给予表现卓越的员工相应的奖励和晋升机会，旨在增强他们的责任感与归属感；在精神因素方面，领导者可以通过表彰和认可员工的工作成果，激发他们更好地发挥自身的潜能，以提升整体的工作效率。

通过采取上述方法，领导者能够确保责任得到明确的分配，为企业的稳步前行与长远发展奠定坚实的基础。

第 8 章
有效反馈：让员工感受到领导者的魅力

在管理实践中，领导者给予员工及时、准确且富有建设性的反馈是至关重要的一环。反馈不仅能让员工清晰地了解自己的工作表现，明确需要改进的方向，还能让他们深切感受到领导者对自己的关心与支持。这对于提升员工的能力、增强团队的凝聚力与执行力具有积极作用。

8.1 反馈是保持领导力的关键点

通过提供及时、准确且富有建设性的反馈，领导者能够清晰地传达自己对员工的期望，激发员工的潜能，增强团队的凝聚力与执行力。同时，积极倾听来自员工的反馈，领导者能更好地了解员工的状态，调整管理策略，展现出开放和包容的领导风格。

8.1.1 接受反馈和给予反馈并行

反馈是促进个人成长、改进工作流程及提升整体绩效的重要手段。对领导者而言，善于给予反馈和虚心接受反馈同等重要，两者相辅相成，能够实现更为有效的管理。

领导者对员工给予反馈是对员工工作表现的一种评价和指导。通过提供及时、准确且具有建设性的反馈，领导者能够帮助员工明确自己的优点和不足，为他们指明改进和发展的方向。这有助于员工调整工作方法，提升工作效率和工作质量，同时也能让他们感受到领导者对其工作的关注和重视，从而增强归属感和责任感。

如果领导者只是单方面地给予员工反馈而忽视接受反馈，可能会导致管理决策的偏差和团队氛围的紧张。领导者接受反馈能够展现出一种开放和谦逊的态度，让员工感受到自己的意见被重视，从而更积极地参与企业事务，提出更多有价值的建议。

例如，当员工提出关于工作流程优化的建议时，领导者认真倾听并加以分析，如果建议合理可行，就采纳，并给予员工肯定和鼓励。这样的互动能够加强领导者和员工之间的信任，营造一个积极向上、勇于创新的工作氛围。

总之，领导者接受反馈和给予反馈并行，是建立良好的沟通机制、促进企业发展、提升管理水平的关键，有助于打造一个高效、和谐、充满活力的团队。

8.1.2 警惕"推理阶梯"背后的风险

"推理阶梯"指的是我们对人、事及周遭环境所做出的假设、判断、演绎推理和结论。推理阶梯是观察、判断、行动所经历的一个心理过程。这一过程深受个人习惯性思维的影响，能够体现人的某些局限性。它常被用来阐述人们做出决策的内在机制，即人们是如何依据个人的经验、根深蒂固的观念及可能存在的偏见，来构建对事物的认知的。

在企业管理中，领导者需要警惕推理阶梯背后的风险。推理阶梯主要分为三个部分，如图8-1所示。

（1）收集数据。领导者需要通过各种渠道来收集数据，这是进行逻辑推理的坚实基础。

（2）选择性接收数据。在接收数据后，领导者应以理性的态度审视这些数据，从中选出有价值、对解决问题有帮助的数据。

（3）赋予意义，得出结论。在获得有价值的数据后，领导者可以赋予这些数据特殊的意义，从而形成假设、做出判断、进行演绎推理、得出最终的结论，然后采取行动。

推理阶梯的主要组成部分

- 收集数据
- 选择性接收数据
- 赋予意义，得出结论

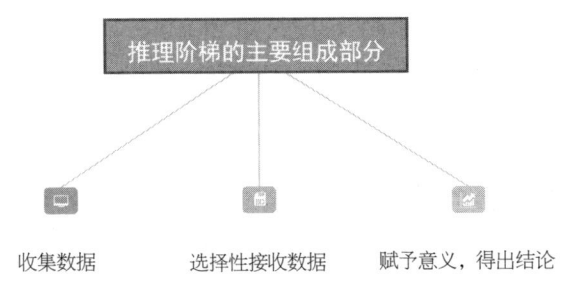

图 8-1　推理阶梯的主要组成部分

然而，推理阶梯也存在潜在的风险。例如，当领导者面对员工的某个行为或事件时，可能会不自觉地基于主观判断和经验快速进行推理，而忽视其他重要的信息或背景因素。这样得出的结论很可能是片面的或不准确的，进而导致决策失误。

例如，当某个项目的进展较慢时，领导者可能会推断其原因是员工工作不努力或能力不足。实际上，这可能是由于项目遇到了未曾预料的困难，员工需要更多的时间进行深入思考和解决问题。

在这种情况下，如果领导者草率地采取批评或惩罚的措施，可能会打击员工的工作积极性，破坏企业的和谐氛围，甚至让员工感到被误解和不被尊重。

为规避推理阶梯带来的风险，领导者可以采取以下策略。首先，保持开放的心态，意识到自身的主观偏见，并努力避免它们对判断产生影响。在面对问题时，领导者应耐心收集相关信息，全面了解事情的来龙去脉，避免急于下结论。其次，加强与员工的沟通。在遇到问题时，领导者及时与员工进行面对面的交流，倾听他们的想法和解释，有助于其获取更全面的信息，避免产生误解。最后，领导者应鼓励员工主动反馈，让他们有机会表达自己的观点，以便更好地了解员工的工作情况和需求。

总之，领导者应警惕推理阶梯带来的风险，通过客观、全面的了解与沟通，做出准确的判断和合理的决策，从而提升管理效果，促进企业健康发展。

8.1.3　不可以用绩效考核代替反馈

很多领导者都重视 KPI（Key Performance Indicator，关键绩效指标），将绩效考核作为主要管理手段。虽然健全的绩效考核体系对企业的稳健发展至关重要，但过度依赖绩效考核而忽视灵活的反馈机制的建立，不利于企业长期健康地发展。

如果领导者仅依赖绩效考核，不对员工进行及时有效的反馈，员工可能会对自己的表现感到迷茫。例如，员工在绩效考核中得分较低，但不知道具体在哪些方面做得不好，以及应该如何改进。在这种情况下，员工会产生挫败感，其工作积极性也会受到影响。

领导者用绩效考核替代反馈，效果会背道而驰。例如，一家科技公司的领导者为了提高员工的工作效率，过度依赖绩效考核，而忽视了对员工进行及时、有效的反馈。

员工小王在工作中遇到了一些困难，但由于领导者没有提供及时的指导和反馈，小王只能独自摸索，导致工作进展缓慢，绩效考核结果不理想。小王因此受到领导者的严厉批评，他感到非常沮丧和失落，工作积极性大幅下降，甚至产生了离职的想法。

由上述案例可知，领导者过度依赖绩效考核，而缺乏及时、具体和有建设性的反馈，会给员工的工作积极性带来负面影响，与原本期望通过绩效考核改善员工表现的初衷背道而驰。

领导者通过运用有效的反馈机制，能够在日常工作中为员工提供及时指导和支持，帮助员工及时调整工作方法和策略，避免问题积累和恶化。同时，积极的反馈能够增强员工的自信心和工作动力，激发其潜能。

员工需要借助反馈机制对过往的工作进行总结，并明确未来的工作方向。领导者应及时给予员工反馈，以帮助员工了解自己的表现，发现自己的优点和不足。领导者应深刻认识到，对于绩效考核不佳的结果，不能让员工单方面负责任，自己应与员工共同承担责任。平庸的管理模式可能使绩效考核成为员工的沉重负担，而一个受员工尊重的领导者能够营造出和谐的考核氛围，使考核结果得到广泛的认可。

8.2 正面反馈：引爆团队

正面反馈并非一句简单的赞扬，而是企业中不可或缺的动力源泉。它能够深深地触动员工的内心，点燃他们的工作热情，使每位员工都深切感受到自己的价值和贡献被充分认可和珍视。

8.2.1 零级反馈：什么都不说

零级反馈是指领导者在了解员工的表现后，将对他们的评价内藏于心而不及时向员工反馈。长此以往，员工可能会形成一种认知，即工作成果的好坏在领导者眼中并无显著区别。这可能导致员工在工作态度上变得消极，失去对更高工作标准的追求。

例如，一位员工努力完成了一项具有挑战性的任务，期望得到领导者的认可和赞扬，但领导者对此保持沉默。这位员工可能会认为自己的努力没有被看到，进而在未来的工作中失去热情和创造力。

零级反馈还容易导致员工重复犯错。如果员工的工作出现了失误，领导者没有及时指出并给予指导，员工可能会误以为自己的做法是正确的，从而在以后的工作中继续犯同样的错误。这不仅会严重影响员工的工作效率和工作质量，还可能给企业带来更大的损失。

此外，长期处于零级反馈的工作环境中，员工与领导者之间的关系会变得疏远。员工会觉得领导者不关心自己的工作和成长，于是减弱了对企业的归属感，降低了对企业的忠诚度，从而削弱了企业的凝聚力和创新力。

相反，积极地反馈能够增强员工的自信心和成就感，使他们更加努力地工作。即使领导给出的是负面的反馈，但只要是基于事实、以建设性的方式给出的反馈，也能帮助员工改进和提升。

总之，领导者应当避免零级反馈，积极与员工进行沟通和交流，通过给出及时、恰当的反馈来引导和激励员工，和员工共同推动企业的发展。

8.2.2 一级反馈：表扬员工

一级反馈通常是指在员工表现出色时，领导者及时给予明确、具体的表扬。与零级反馈相比，一级反馈在明确员工未来的工作方向、深化他们对工作意义的理解上，具有显著的积极作用。表扬直接体现了领导者对员工工作表现的认可和鼓励，激发他们产生持续进步的动力。

当员工出色地完成某项任务，即正确且高效地履行职责时，领导者应以真诚的态度向员工表达赞赏，如"你的工作成果非常出色，值得肯定"。这种积极的反馈不仅让员工感受到自身的价值得到认可，还帮助他们在未来工作中更准确地把握"正确与高效"的标准，从而持续做出这种优秀的工作行为。

很多领导者认为单纯的口头表扬在激励效果上略显不足，因此更倾向于给予员工奖金，以进行更直接、更有效的正面反馈。确实，物质激励在激励员工方面发挥着重要作用，但这并不意味着员工做出的所有正确行为都应与物质激励直接挂钩。

领导者应意识到，单纯的表扬和物质激励虽然能在短期内激发员工的工作积极性，但其效果难以持久。过度依赖物质激励可能使员工的工作动力的来源从内在因素转变为外在因素，使员工过度依赖外在因素，从而失去对工作本身的热爱和追求。

因此，领导者在激励员工时，应更加注重激发他们产生工作动力。领导者可以通过提供丰富的发展机会、具有挑战性的工作，以及营造积极的工作环境，让员工从内心深处感受到工作的价值和意义，从而更加积极主动地投入工作。

8.2.3 二级反馈：表扬员工并说明原因

二级反馈是指领导者不仅表扬员工，还说明具体的原因。二级反馈是一种有效的管理和激励员工的方法，能够对员工产生更深远的积极影响。

例如，一位员工在团队讨论中提出了一个创新的想法，成功解决了一个长期困扰团队的难题。领导者不仅说"你做得很好"，还具体指出"你的这个想法打破了我们固有的思维模式，从一个全新的角度为项目提供了突破点，而且你在阐述这个想法时逻辑清晰、有理有据，让大家都能快速理解并接受，这对推动项目的进展起到了关键作用"。这种明确而具体的表扬及原因说明，会让员工深刻认识到自己的价值，明白自己的创新思维和清晰表达是值得坚持的。

在运用二级反馈时，领导者需要注意以下事项，如图 8-2 所示。

图 8-2 领导者在运用二级反馈时的注意事项

1. 善于发现他人的优点
2. 表扬时一定要说为什么/是什么
3. 表扬时不要说转折类词语

1. 善于发现他人的优点

在对待员工时，领导者应意识到每个人都有其独特的优点和不足之处。虽然注意员工的缺点是必要的，但不应让这些缺点成为阻碍他们发挥优势的障碍。领导者应当通过明确的工作指导和正面的激励，帮助员工形成积极的工作态度，从而最大化地激发他们的潜力。

2. 表扬时一定要说为什么/是什么

在表扬员工时，领导者不应仅停留在对结果的表扬上。更重要的是，领导者要关注员工在达成目标过程中所展现的努力、技能、态度和动机。在给予表扬时，领导者应具体说明员工做得好的地方及其对企业产生了什么积极影响。这样的具体反馈不仅能够让员工感到自己的价值被认可，还能够为他们提供明确的努力方向。

3. 表扬时不要说转折类词语

在对员工进行表扬时，领导者应保持其纯粹性和积极性。具体来说，领导者应尽量避免在表扬之后紧接着使用转折类词语来引入负面反馈，这可能会削弱表扬的效果，并让员工感到困惑。如果确实需要就某些问题进行讨论，建议领导者单独安排时间与员工进行深入的沟通，以确保正面反馈的准确性和针对性。

在领导者采用二级反馈后，员工能够更清楚地了解自己的哪些行为是有价值的，以及自己为什么会受到表扬。这有助于强化员工的正确行为，引导他们在未来继续做出这种行为。

8.3 负面反馈：BIC 理论

反馈可以分为正面反馈和负面反馈两种形式。三级反馈（零级反馈、一级反馈和二级反馈）被归为正面反馈，而 BIC 理论则主要适用于负面反馈。BIC 理论指的是 "Behavior（行为）—Impact（影响）—Consequence（结果）"的沟通框架。

BIC 理论强调，在给出负面反馈时，领导者应具体而客观地描述员工的行为，明确阐述这一行为对工作或企业造成的短期影响及其可能带来的长期后果。这种做法有助于领导者将注意力集中在具体事件上，而非对员工个人进行主观评价，从而使员工更易于接受反馈，并深刻认识到问题的严重性。通过采取这种反馈方式，领导者可以有效地推动员工进行自我改进，提高工作效率。

8.3.1 Behavior（行为）：分清事实和观点

领导者的行为表现至关重要，其中，分清事实和观点是一项关键能力。事实是客观存在的能够被证实和观察到的具体情况。观点是基于个人的经验、价值观、态度和信念所形成的主观判断和评价。如果领导者不能清晰地区分这两者，那么可能会在决策、沟通和企业管理等方面出现偏差。

在决策过程中，依赖观点而非事实做出决策可能导致决策失误。例如，领导者仅凭个人对市场趋势的预判，缺乏充分的市场调研数据的支持，就贸然投入大量资源，可能使企业面临巨大的风险。相反，如果领导者能够依据确凿的事实，如市场份额的变动、消费者需求的统计数据等，进行深入分析，就能做出更明智、更稳健的决策。

在与员工的沟通中，领导者混淆事实和观点容易引发误解。例如，"我觉得你最近工作不够积极"是一个观点，员工可能会对此感到困惑和不满，因为这种评价缺乏具体的事实依据。但如果领导者指出"在上周的三项重要任务中，你有两项都没有按时完成"，这就是基于事实的沟通，员工能够更清楚地认识到问题所在。

在企业管理中，领导者无法明确区分事实与观点，可能影响公平性。如果领导者在评价员工的表现时，仅根据个人喜好或主观印象，而不是基于员工的实际工作成果等事实做出判断，将破坏企业内部的公平氛围，打击员工的工作积极性，破坏员工对领导者的信任。

因此，领导者要时刻保持清醒的头脑，注重收集和分析事实，避免被个人观点所左右，以确保反馈的准确性、沟通的有效性和企业管理的公正性。

8.3.2　Impact（影响）：短期影响更重要

影响分短期影响和长期影响。短期影响往往具有即时性和紧迫性，能够迅速解决当前的问题，为企业带来立竿见影的变化。例如，在市场竞争突然加剧时，领导者迅速做出决策：调整产品价格，并推出促销活动。这种短期的策略调整可以快速吸引客户，增加销售额，避免市场份额流失。

短期影响能够快速满足利益相关者的需求。对投资者来说，短期的利润增长和财务指标的改善可以增强他们的信心，稳定企业的股价。对员工来说，短期的业绩提升可能带来即时的奖励，从而提升他们的工作积极性和满意度。

从企业内部运营的角度来看，领导者解决短期的生产流程问题、优化资源配置或改进团队协作方式，能够迅速提高工作效率和工作质量，减少成本浪费。这种短期影响可以为企业创造直接的经济价值，并为企业的长期发展奠定坚实的基础。

然而，这并不意味着长期影响不重要，只是在特定的情境中和时间节点，短期影响的重要性更为突出。例如，在企业面临生存危机或需要迅速抓住市场机遇时，领导者集中精力解决短期问题，能够帮助企业渡过难关或抢占先机。

值得注意的是，领导者在注重短期影响时，也需要有长远的眼光，不能以牺牲长期发展为代价来追求短期的利益。

8.3.3　Consequence（结果）：与利益挂钩

与影响相比，结果的作用往往更为长期且全面。结果并非那些明显且直接的关键结果，在更多的时候，它是短期影响逐步积累与叠加的结果。

对领导者而言，明确结果与利益的关联性至关重要。这里的利益不仅包括经济收益，还包括企业的声誉、市场地位、员工满意度等多个维度。当领导者将工作结果与利益直接联系起来时，企业就有了明确的行动方向。

例如，在职场中，一些员工可能将迟到、爽约客户、忽视邮件回复等行为视为无足轻重的小问题。这些行为长期累积，必然会严重破坏企业与客户的关系。领导者有责任向员工明确阐述这些行为可能带来的长远影响，以确保职场环境的和谐与稳定。

从经济利益的角度来看，领导者所追求的结果直接影响企业的盈利能力。例如，一个有效的市场营销策略所带来的销售额增长，或者一项成本控制措施所节省的成本，都能直接转化为企业的利润。领导者需要进行精心规划和有效执行，确保每个项目、每个决策都能给企业带来经济利益。

除了经济层面，良好的工作结果还有助于提升企业的声誉和市场地位。当企业的产品质量得到显著提高，客户满意度大幅提升时，企业在市场中的口碑和形象会随之改善，进而使企业吸引更多的客户和合作伙伴，获得更广阔的发展空间和更多的商业机会。

总之，领导者清楚地认识到结果与利益的紧密联系，并以合理的方式进行管理和引导，能够有效地推动企业朝着既定的目标前进，实现可持续发展。

第 9 章
激励方案：点燃员工的工作积极性

一个成功的激励方案，并非仅局限于物质激励，更重要的是对员工内心需求的满足。它能够有效地消除企业中的消极因素，营造积极向上的工作氛围，促使员工以饱满的热情投入工作，共同去实现既定目标。

9.1 激励是提升影响力的"武器"

员工的工作热情源于其对工作的满意度，而获得满意度的核心则在于企业的激励策略。领导者应当确保员工能够深切感受到企业对自己的关心和重视，从而增强他们的工作成就感。同时，领导者还需要引导员工理解他们的工作价值及其对个人职业发展的重要性，使他们更加积极地投入工作。

有效的激励能够让员工感受到自己的价值被企业认可，从而更愿意追随领导者。此外，有效的激励还能在企业中营造积极向上的氛围，进一步增强企业的凝聚力和员工的执行力。

9.1.1 特别的激励给特别的员工

在企业中，每位员工都有独特的个性、能力和需求。领导者要善于发现员工的差异，并为那些特别的员工提供特别的激励，以充分激发他们的潜力，促使他们为企业创造更大的价值。

核心骨干员工通常对职业发展有着更高的追求。领导者可以为他们提供更具挑战性的项目和工作机会，赋予他们更多决策权和资源调配权，让他们有充分的空间施展才华。同时，领导者还可以为他们提供定制化的培训和发展计划，帮助他们不断提升自己的能力，拓宽职业发展道路。例如，对于企业中的技术专家，领导者可以安排他们参与前沿技术研发项目，赋予他们组建团队和调配资源的权力，为他们提供参加国际技术研讨会的机会等。

对于有潜力但目前存在不足的员工，领导者需要给予更多的耐心和支持。领导者应鼓励他们勇敢尝试，在他们遇到困难和挫折时，及时给予指导和帮助。此外，领导者还要认可他们每一次的进步，让他们感受到自己的努力被看到和重视。

例如，一位新入职的销售人员在沟通技巧方面有所欠缺，但工作态度积极。领导者可以为他安排专门的培训课程，并在他每次拜访客户后与他一起复盘，指出他的进步之处。这种持续的鼓励和引导能够使他不断改进，实现快速成长。

对于在特殊时期为企业做出突出贡献的员工，对他们进行及时的表彰和奖励是必不可少的。这不仅是对他们个人的肯定，更是向全体员工传递一种信号——鼓励大家在关键时刻挺身而出。例如，在企业面临紧急交付项目的压力时，有员工主动加班，出色地完成了任务。领导者可以在企业大会上对他进行公开表扬，并给予一定的物质激励，如奖金等，让他的付出得到应有的回报。

例如，海底捞火锅创始人张勇在维持总工资支出稳定的前提下，巧妙地采用计件工资制度，间接地提升了积极员工的收入水平。计件工资制度的核心在于多劳多得，即员工的工作量与其收入直接挂钩，鼓励表现优秀的员工承担更多的工作。这一举措不仅有效解决了管理过程中的诸多难题，还显著激发了员工的工作积极性。

总之，领导者要善于发现员工的特别之处，采用特别的激励方式激发他们的工作热情和创造力。

9.1.2 激励要赶早不赶晚

早期激励能在员工心中播下积极的种子。当员工初露锋芒，表现出色或做出有价值的贡献时，领导者应及时给予激励，让员工深刻感受到自身的努力和创造的成果被重视和认可。这种及时的肯定能够强化他们的积极行为，激励他们继续保持甚至超越现有的表现。

例如，一位新员工在入职不久后，提出了一个创新性的想法，虽然该想法尚未完全得到实施，但展现出很大的潜力。如果领导者能够对这位新员工给予表扬和鼓励，那么这位新员工就会感受到自己在企业中的价值，从而更有信心和更热情地投入到后续的工作中。

相反，如果激励来得太迟，可能会让该员工感到自己的努力被忽视，降低工作积极性。原本可能持续的优秀表现，会因为缺乏及时的激励而逐渐消失。

早期激励还能够帮助领导者与员工建立良好的关系。在早期阶段，员工还未对领导者的习惯、领导风格形成认知，及时的激励能够体现领导者对员工的关心和支持，让员工更愿意信任领导者，愿意与领导者合作，共同达成企业的目标。

此外，早期激励有助于营造积极的工作氛围。当其他员工看到表现出色的同事得到奖励和认可时，他们也会受到鼓舞，努力提升自己的表现，以期获得激励。这种积极的竞争氛围能够推动整个企业不断进步。

从员工个人职业发展的角度来看，早期激励能够引导员工在正确的道路上更快速地成长。及时的激励和肯定可以让员工明确自己的优势，进而更加专注地发展这些方面，提升自己的职业能力。

总之，领导者应牢记激励赶早不赶晚的原则。早期激励能够激发员工的潜力，在领导者和员工之间建立良好的关系，营造积极的工作氛围，促进员工和企业的发展。

9.1.3 竞赛模式：一举多得的效果

一个高效运作的企业能够从容地应对各类挑战，更有效地满足客户的需求，并取得显著的成功。为了激发员工的合作精神，促进企业的发展与创新，很多领导者将竞赛模式作为一种有效的激励手段。

竞赛模式往往能够取得一举多得的效果，如图 9-1 所示。

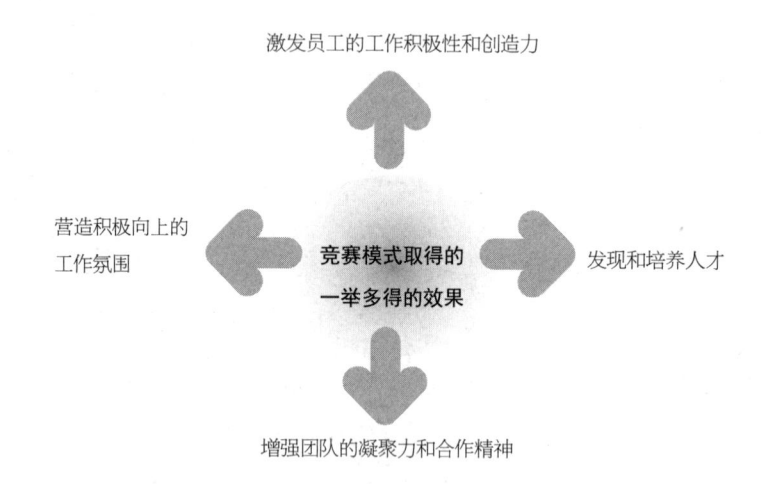

图 9-1 竞赛模式取得的一举多得的效果

1. 激发员工的工作积极性和创造力

当员工身处竞赛环境中时，他们会产生紧迫感和挑战欲，试图努力超越他人，争取取得更好的成绩。这种竞争氛围能够打破员工的舒适区，激励他们不断探索新的方法和途径，提高工作效率和工作质量。

例如，在销售团队中开展月度销售竞赛，并设定明确的销售目标和奖励机制。为了在竞赛中获胜，员工会积极拓展客户资源，优化销售策略，甚至主动加班。最终，不仅个人的销售业绩得到显著提升，整个销售团队的销售总额也大幅增长。

2. 发现和培养人才

在竞赛过程中，员工的能力和潜力能够得到充分的展现。那些表现出色的员工会脱颖而出，让领导者更容易发现他们的优势和特长，为企业的人才储备和晋升选拔提供有力的依据。同时，对于那些在竞赛中暂时落后但展现出一定潜力的员工，领导者可以有针对性地提供培训和指导，帮助他们提升能力，实现个人成长。

3. 增强团队的凝聚力和合作精神

虽然竞赛强调个体之间的竞争，但在追求团队整体目标的过程中，员工需要相互协作、分享经验和资源。这种共同努力不仅增强了员工之间的沟通和交流，还加深了彼此之间的了解和信任，从而构建一个更加团结的团队。

4. 营造积极向上的工作氛围

当企业的员工都在为实现竞赛目标而努力拼搏时，这种积极的工作态度会相互感染，激发更多人的工作热情。在这样的氛围中，消极怠工和敷衍了事的现象会大幅减少，整个团队充满了活力和斗志。

然而，领导者在采用竞赛模式时也需要注意一些问题。例如，要确保竞赛规则的公平、公正和透明，避免出现偏袒或作弊现象；关注竞赛给员工带来的压力，防止过度竞争导致员工身心疲惫。

综上所述，领导者合理采用竞赛模式，能够在激发员工的工作积极性和创造力、发现与培养人才、增强团队的凝聚力和合作精神、营造积极向上的工作氛围等方面取得显著效果，为企业的发展注入强大动力。

9.2 激励方案之物质激励

物质激励并非简单的金钱奖励，它涉及激励机制的设计、公平性的体现，以及与企业文化的契合等多个方面。9.2 节将从多劳多得的激励原则、奖金分配的策略、员工福利的设置等方面深入探讨物质激励，旨在为领导者提供一套全面而深入的物质激励方案。

领导者合理运用物质激励手段，不仅能够激发员工的工作热情，提升企业的整体效能，还能够增强员工的归属感，从而为企业培养出一支高效、稳定且富有创新精神的员工队伍。

9.2.1 多劳多得，避免"吃大锅饭"

物质激励是激发员工的工作积极性、提高其工作效率的重要手段之一。其中一个关键原则是多劳多得，以避免出现"吃大锅饭"的现象。

"吃大锅饭"式的分配方式，即不论员工的工作表现、工作量和工作成果如何，都给予员工相同或相似的物质激励。这种方式存在诸多弊端，无法体现公平性，会严重打击那些工作努力、成绩显著的员工的工作积极性。当员工意识到无论自己付出多少努力，所获得的回报都与那些敷衍了事的同事相差无几时，他们可能会在工作上不再积极，甚至消极怠工。

多劳多得的物质激励原则能够激发员工的工作积极性。员工清楚地知道自己的付出与收获成正比，就更愿意为工作投入更多的时间和精力，努力提高工作效率和工作质量。例如，某公司的销售团队设定了明确的提成比例，销售人员每达成一笔交易，就能根据销售额获得相应比例的提成。这种激励方式会促使销售人员积极开拓客户，提高销售业绩。

某家科技公司的研发工作是以团队形式进行的，在开展产品研发工作时，领导者会从各部门抽调一些员工组成临时的研发团队，这些员工往往身兼数职。孙某是生产部门的员工，近半年以来，除了完成本职工作，他还先后在几个研发团队中担任了不同的职务。

孙某的工作负担加重，他的薪酬却并未得到相应的提升。他在各研发团队中的努力并未在薪酬中得到体现，这让他对自己的薪酬产生了怀疑。但领导者表示，企业当前的薪酬制度缺乏针对这类员工的明确衡量标准，因此只能按照其原职位的职责对孙某进行绩效评估。经过多次协商，领导者最终决定采取发放奖金的方式，对包括孙某在内的优秀员工进行奖励。

在上述案例中，孙某所在的科技公司没有完善的薪酬制度，导致领导者无法对优秀员工的工作进行准确的评估。

如果企业想践行多劳多得的物质激励原则，就需要建立完善的薪酬制度，多劳多得的物质激励原则需要完善的薪酬制度提供保障。在制定新的薪酬制度后，建议先试行一段时间。在此期间，领导者应密切关注员工的反馈，一旦发现新的薪酬制度存在不合理之处，应及时进行调整和完善。

总之，领导者在进行物质激励时，务必坚持多劳多得的原则，摒弃"吃大锅饭"式的分配方式。这样才能充分调动员工的工作积极性，促进企业的健康发展。

9.2.2　发奖金，不怕团队缺少凝聚力

奖金是一种明确的物质激励方式，旨在直接满足员工的物质需求，让员工深刻体会到其辛勤努力与付出所带来的实质性回报。这种及时且明确的认可与奖励机制，能够有效激发员工的工作热情和创新能力，进而促使他们更加积极地实现团队目标。

在设置团队奖金的分配方式时，领导者要注意两个方面：一是领导者需要明确员工间获得奖金的比例关系；二是领导者要对员工的工作表现进行绩效考核，根据考核结果进行奖金分配。在设置团队奖金时，领导者需要思考以下三个问题，如图 9-2 所示。

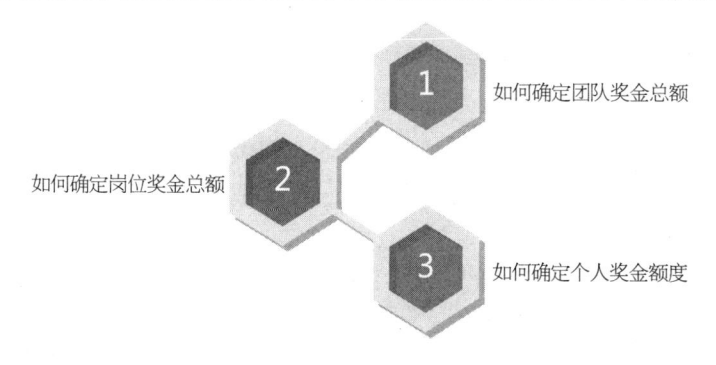

图 9-2　在设置团队奖金时领导者需要思考的问题

1. 如何确定团队奖金总额

在确定团队奖金总额时，领导者应当综合考虑项目的实际收入。为了更有效地激励员工，领导者可设计一套递进的提成比例方案，即项目最终收入越高，团队的提成比例越高。这种灵活的确定团队奖金总额的方法能够显著提升员工的工作积极性。

2. 如何确定岗位奖金总额

确定岗位奖金总额是十分必要的。一个团队包含不同的岗位，每个岗位又包含不同的员工，只有确定每个岗位的奖金总额，才能更加细致地确定每个员工的奖金。岗位奖金总额如何确定？这需要领导者根据不同岗位的职责来进行。

不同岗位的职责不同，在项目中的贡献度也不同，领导者需要根据岗位贡献度的多少来确定岗位奖金总额。

3. 如何确定个人奖金额度

确定个人奖金额度的依据是个人对项目的贡献度。在确定岗位奖金总额后，领导者可以根据员工的绩效表现来确定其个人奖金额度。

设置团队奖金在激发员工的工作积极性的同时，还会使员工更加重视团队协作。但如果团队奖金分配不均，就会导致员工间产生矛盾，削弱团队的凝聚力。因此，领导者在分配奖金时一定要确保公平、公正。

9.2.3 增加福利，留住人心

增加福利能够在很大程度上留住人心。领导者可以设置一些基础的福利，同时根据企业的特色，增加一些个性化的福利。

一般来说，适用于企业管理的、较为普遍的员工福利包括以下三种。

（1）住房贷款利息给付计划。住房贷款利息给付计划是一种较为普遍的福利。在员工向银行申请住房贷款后，在一定的额度和年限内，企业每个月会向其支付贷款的利息。

（2）带薪休假。带薪休假也是一项常见的福利，带薪休假的期限通常与员工的工龄密切相关。

（3）教育福利。一些企业会设置一些教育福利，例如，为员工支付部分接受更高教育和学位申请方面的费用，为员工提供非岗位培训等。

员工福利是多种多样的，领导者在设置员工福利时，需要做到以下三个方面，如图 9-3 所示。

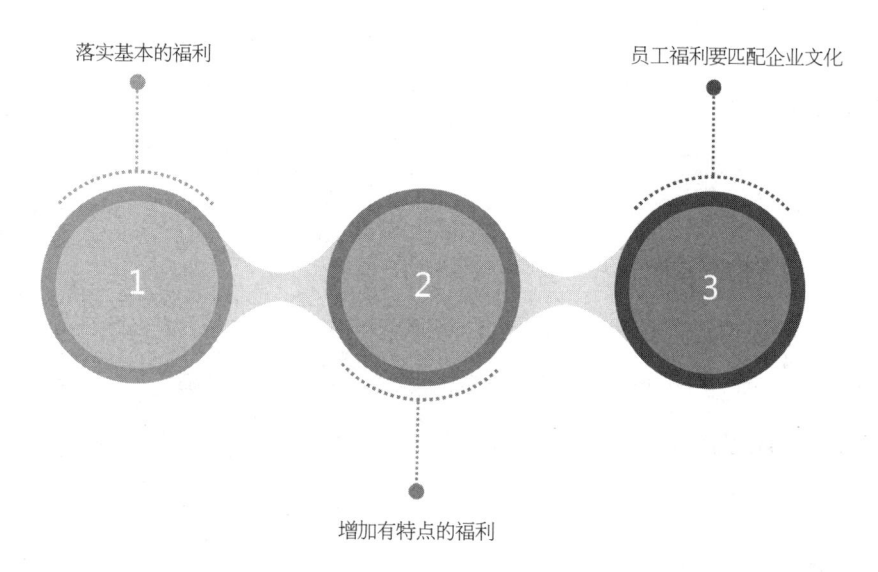

图 9-3　领导者在设置员工福利时需要做到的三个方面

1. 落实基本的福利

员工福利要包括基本的福利，除了五险一金，补充医疗保险、重大疾病保险也是基本的福利。企业为员工提供这些福利是对员工负责的表现。

2. 增加有特点的福利

有特点的福利更能赢得员工的认同和喜爱。领导者可以将发放节日礼物、举办生日庆祝活动、定期组织团队建设活动、为员工提供定期体检及准备下午茶等作为有特点的福利，以增强员工的归属感和幸福感。

3. 员工福利要匹配企业文化

企业文化会对员工产生深远的影响，员工福利是展现和强化企业文化的有效途径。因此，领导者在设置员工福利时应充分考虑企业文化，使员工福利与企业文化相匹配。

例如，某企业的核心价值观是建立家庭式的信任文化。基于这种价值观，该企业注重员工工作与生活的平衡，致力于打造像家庭环境一样温馨的工作环境。为实现这一目标，该企业为全体员工提供工作日午餐、交通补贴、带薪休假等多样化的福利。同时，该企业还精心策划各类集体活动，以增进员工间的情感联系。

领导者在设置员工福利时，除了考虑基本的保障项目，还应关注那些独具特色的福利项目，它们往往更能赢得员工的认可。此外，与企业文化相契合的员工福利，能有效传播和强化企业文化。

对企业而言，员工福利不仅具备社会保障的功能，还能吸引和留住人才、激发员工的潜能。对员工而言，医疗保险、养老保险等基本的福利能满足其生活需求，各种有特点的福利能满足其在情感、社交等方面的需求。

例如，带薪休假能够让员工有更多的时间陪伴家人，满足其在情感方面的需求；企业组织的团建、聚餐等活动，让员工在工作之余有更多机会相互交流和接触，促进员工间建立和谐、融洽的关系。

总之，员工福利不仅为员工提供了物质上的激励，还能满足其精神层面的需求。合理的员工福利设置可以进一步提升企业的凝聚力，让员工产生更强的归属感。

9.3 激励方案之精神激励

精神激励不同于物质激励，它直击心灵，能够满足员工在受到尊重、获得认可和自我实现等方面的需求。一句真诚的赞美、一次公开的表彰、一个信任的眼神，都可能成为激发员工潜能的强大动力。

9.3 节将深入探讨荣誉激励法、榜样激励法、参与激励法和情感激励法四种激励方法，分析它们如何满足员工的精神需求，帮助员工树立积极的工作态度，增强员工的归属感。

9.3.1 荣誉激励法

荣誉激励法能够满足员工的精神需求。对许多员工来说，物质激励固然重要，但来自企业和团队的认可与尊重，往往更为持久和深刻。当员工因出色的工作表现而获得荣誉时，他们会感到自己的价值得到了企业充分的肯定。这种精神上的满足能够使他们更加努力地工作，追求更高的成就。

很多企业都采用荣誉激励法对员工进行精神激励，如在企业大厅等场地开辟荣誉板块、设立荣誉墙等，在会议上对优秀员工予以表扬。这些方式都会增强员工的荣誉感和自豪感。

领导者合理运用荣誉激励法，能够有效树立榜样，并明确企业的价值取向。通过向表现卓越的员工授予荣誉，领导者向整个企业传递了明确的信号：哪些行为和成果是值得肯定和效仿的。这不仅有助于在企业内部营造积极向上的工作氛围，还有助于激发其他员工向榜样看齐，促使他们努力提升自身的工作表现。

以项目团队为例，对于那些勇于创新、不畏艰难并高质量完成任务的员工，领导者可以授予其"创新之星""项目攻坚能手"等荣誉称号，并在团队内部对其进行公开表彰。这不仅让受到表彰的员工备感自豪，还能激励其他员工在后续工作中积极发挥主观能动性，勇于面对挑战。

荣誉激励法能够增强员工的归属感，提升他们的忠诚度。当员工在企业中获得荣誉时，他们会更加认同企业的价值观和文化，将自己视为企业不可或缺的一部分，从而愿意长期为企业效力。这对降低员工流失率、维护组织架构的稳定具有至关重要的意义。

为了充分发挥荣誉激励法的效能，领导者应确保荣誉的授予过程公平、公正、公开。荣誉的授予标准应当明确、具体、可衡量，让员工清楚地了解达到什么条件才能获得荣誉。同时，授予荣誉的形式应当多样化，领导者除了向获得荣誉的员工发放传统的证书、奖杯和奖牌，还可以通过内部刊物、企业网站和社交媒体等渠道对获得荣誉的员工进行广泛宣传和表彰，以扩大荣誉的影响力。

领导者应当深刻认识到荣誉的持久性和进阶性。对于已获得荣誉的员工，应持续关注并给予激励，积极为他们提供广阔的发展空间。领导者应构建层次分明、级别有序的荣誉体系，激励员工在持续追求更高荣誉的过程中，实现个人与企业的共同进步。

9.3.2 榜样激励法

榜样激励法是指企业通过树立榜样，为员工提供学习和效仿的对象，激发他们的工作积极性和创造力。被树立为榜样的员工（榜样员工）既可以是企业内部的优秀员工，也可以是行业内的杰出人物。

企业可以定期选出榜样员工并召开榜样员工报告会，让榜样员工讲述自己的工作方法与技巧，提升全体员工的工作积极性和工作效率。一般来说，榜样员工具有区别于普通员工的特质。

企业的领导者也要以榜样员工为标杆，因为他们的德行、工作态度等会对员工产生深刻的影响。一个连本职工作都没有做好、德不配位的领导者想要对员工提出各种要求，结果可想而知，员工不会心服口服。

其实大多数员工都追求积极向上，如果有了榜样员工，其他员工就会有更加明确的努力方向和想要实现的目标，就会从榜样员工身上汲取力量，获得激励。

某知名护肤品直销公司总部的大厅里挂的不是公司的座右铭，也不是创始人画像，而是全国各地分公司优秀员工的照片。为了激励员工，该公司会挑选出优秀员工，使他们成为公司里的明星人物，成为其他员工学习的榜样。

美国著名心理学家赫伦认为，人普遍具有攀比心理。在企业中，当一个员工看到另外一个和自己同级的员工受到表彰时，他会以那个员工为榜样，努力工作。这正是榜样员工的作用所在。

在任何企业中，榜样员工都是一笔巨大的财富。一方面，榜样员工的工作能力比较强；另一方面，榜样员工能够激励其周围的员工，营造积极向上的工作氛围，促使其他员工更加自主、努力地工作。因此，榜样员工对企业来说意义极大。

领导者要善于发掘并积极宣传榜样员工，以增强他们的示范效应。同时，领导者应对榜样员工给予充分的重视，并赋予其重要职责，确保他们持续发挥作用。

针对不同类型和层级的员工，领导者应为他们树立既可望又可及的榜样员工，使榜样员工成为他们努力的方向，推动他们不断进步。

需要注意的是，榜样员工不是一朝一夕就能树立的。对榜样员工来说，保持优秀已经成为一种习惯。企业的榜样员工，是员工自身的优秀素质和企业提供的优质环境共同缔造的结果。

9.3.3 参与激励法

在管理实践中，如果领导者能巧妙应用参与激励法，就能极大地激发员工的工作积极性和创造力，增强企业的凝聚力。

例如，作为电子商务领域的领军企业，亚马逊推行了一种名为"能力点数"的激励机制。该激励机制的核心在于，员工通过高效完成工作任务和项目来累积能力点数，而这些能力点数将成为员工晋升和增加薪资的重要依据。此举旨在激发员工的工作积极性和创造力，进一步推动企业的发展。通过这一激励机制，员工在投入工作的同时，不仅提升了自身的业务能力和技能水平，也为企业的长远发展贡献了力量。

在项目管理中，领导者可以让员工参与项目的规划和执行过程，给予他们一定的自主权，让他们能够根据实际情况调整工作计划和方法。通过这种方式，员工能够充分发挥自己的主观能动性，提高工作效率和工作质量。同时，参与项目的全过程也能够让员工获得更多的成就感和满足感，进一步激发他们的工作热情。

参与激励法还能促进员工之间的沟通和协作。在共同参与的过程中，员工需要相互交流、分享想法和经验，共同解决问题。这种互动能够打破部门之间的壁垒，增强企业的凝聚力。

例如，谷歌公司积极倡导并鼓励员工拿出 20%的工作时间，用于开展独立的创新项目与个人实践探索。这一策略旨在为员工提供一个自由发挥的平台，激发他们的创造潜力和创新精神。事实上，谷歌公司的众多明星产品，如 Gmail、Google Earth，均源于员工在自主时间内的创新。

此外，员工参与制定工作流程和规章制度，能够提高工作流程和规章制度的合理性和可操作性。因为员工是工作流程和规章制度的执行者，他们清楚哪些规定是切实可行的、哪些规定需要改进和完善。这样制定出来的工作流程和规章制度更容易被员工接受和遵守。

在采用参与激励法时，领导者需要给予员工适当的引导和支持，确保他们的参与是有成效的。同时，领导者要对员工的参与给予及时的反馈，让他们感受到自己的付出是有价值的。

总之，领导者采用参与激励法，能够充分激发员工的潜力，提升企业的整体效能，为企业的发展注入强大的动力。

9.3.4 情感激励法

采用情感激励法的核心在于领导者与员工之间建立起真诚、深厚的情感联系。领导者不再仅是发号施令的上级，还是关心员工的成长、理解员工的需求、尊重员工的个性的伙伴。这种情感的投入能够让员工感受到被重视和关爱，从而增强对企业的归属感。

领导者可以通过日常的沟通交流，倾听员工的心声和想法，让员工感受到被尊重。当员工提出自己的观点和建议时，领导者认真倾听、积极回应，会让员工觉得自己提出的观点和建议是有价值的。这种尊重能够让员工树立自信心，使他们更愿意主动地为企业的发展贡献自己的智慧和力量。

在员工遭遇困难和挫折时，领导者及时给予关心与支持，能够让员工感受到温暖。一句鼓励的话语、一个肯定的眼神，都可能成为员工克服困难的强大动力。这种支持不仅能够帮助员工渡过难关，还能够增强员工对领导者的信任，使他们在未来工作中更加勇敢地面对挑战。

领导者对员工进行赞美和表扬也是情感激励法中的重要手段。当员工取得成绩时，领导者及时给予充分的肯定和赞美，能够让员工感受到自己的努力得到了认可。这种认可会让员工获得成就感，促使他们更加努力地工作，追求更高的目标。

此外，领导者还可以通过组织团队活动，增强员工之间的情感联系和团队的凝聚力。在轻松愉快的活动氛围中，员工能够释放工作压力，更好地展示自己的个性和才华，增进彼此之间的了解和信任。这种良好的活动氛围能够让员工更加愉悦地投入工作，提高工作效率和工作质量。

在采用情感激励法时，领导者应保持真诚，不能仅停留在表面上，还应关心员工的成长与发展，将情感激励融入日常管理中。只有这样，情感激励法才能发挥最大的作用。

进阶篇　领导力升级战略

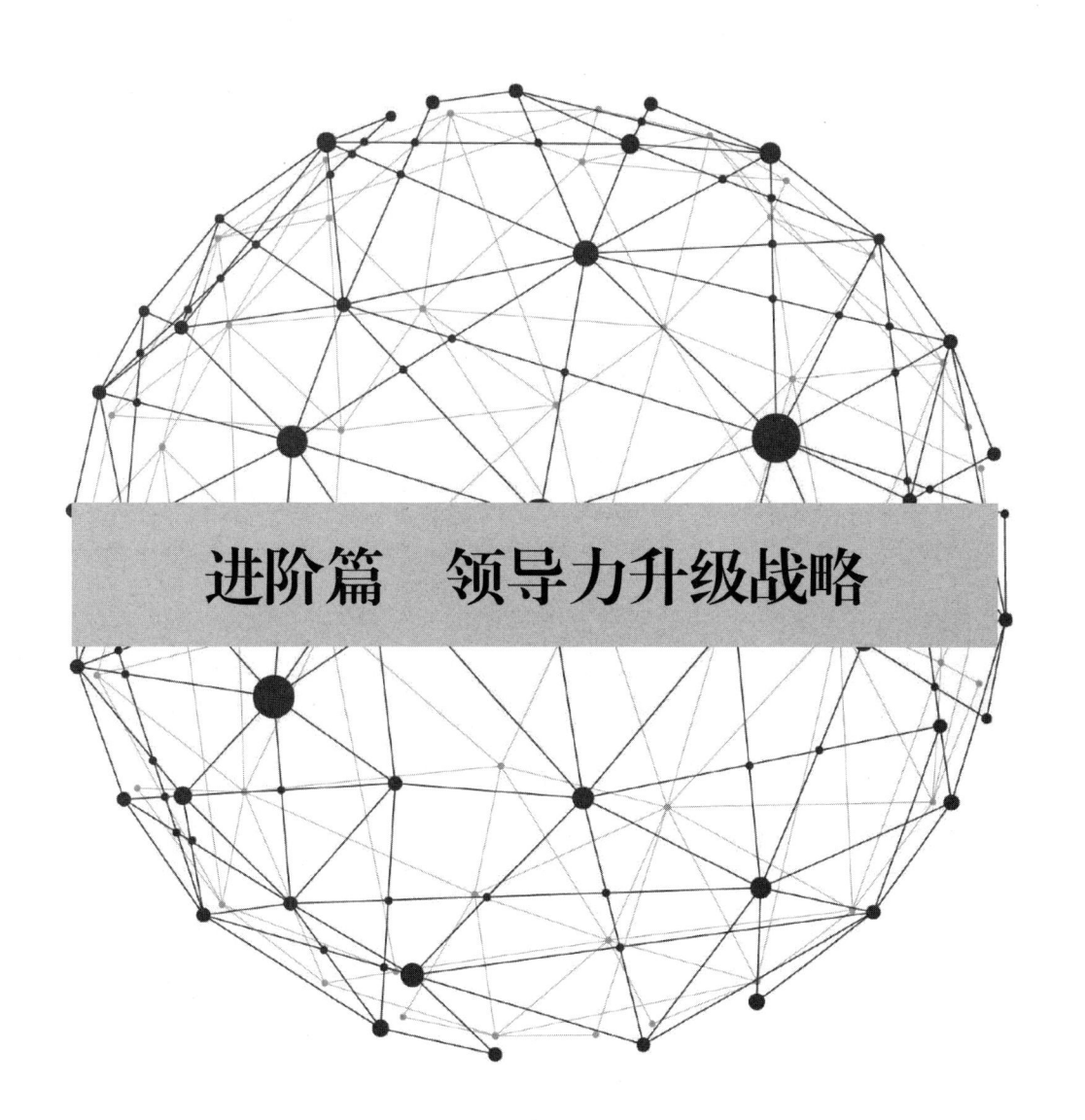

第 10 章 领导者个人 IP：提升影响力是目标

影响力不仅是领导者权威的体现，更是推动团队进步、实现企业目标的关键力量。一个具有强大影响力的领导者，能够激发员工的工作积极性和创造力，引领企业朝着正确的方向前行。

10.1 领导者为什么要有个人 IP

领导者的个人 IP 不仅是他们自身价值的体现，更是连接员工与企业愿景的纽带，是激发员工的潜能、塑造企业文化的无形推手。个人 IP 能够让领导者在众多同行中脱颖而出，增强自身的吸引力与影响力。

10.1.1 领导者新角色：领导者不只代表自己

在当今快速发展的商业世界中，领导者所扮演的角色发生了转变。领导者需要扮演一些新的角色，如布道者、设计者、伙伴。而且，领导者要深刻认识到自己不只代表自己，还代表员工和企业。

作为布道者，领导者不再简单地发号施令，而是要成为企业愿景、使命和价值观的传播者和捍卫者。他们需要以饱满的热情和坚定的信念向员工清晰地阐述企业的目标和方向，让每一位员工都能深刻理解并认同企业的价值观。不断地宣传企业的价值观，能够激发员工的内在动力，促使他们为实现共同的目标而努力奋斗。

在扮演设计者的角色时，领导者应展现出创新思维和系统规划能力。他们需要紧密围绕企业的战略目标，精准地设计组织架构、工作流程和业务模式。这种设计不能仅限于具体产品，还应渗透到整个企业的价值理念中，以体现企业的价值观和愿景。此外，领导者还应精细绘制企业的蓝图，为员工打造一个高效协同、运作顺畅的工作平台，以实现资源的优化配置。

作为伙伴，领导者要放低姿态，与员工建立平等、互信的合作关系。领导者要倾听员工的声音，了解员工的需求和困惑，并及时给予支持和帮助。在员工面临困难时，领导者应与他们共同探讨解决方案，携手克服困难，不应只是指责和批评。

要想成为员工的伙伴，领导者需要调整管理模式，与员工进行平等、开放的对话。在员工所擅长的领域，领导者应甘当被领导者，积极融入团队中。这种转变要求领导者关爱员工，具备包容性和亲和力。

在企业中，领导者不只代表自己，他们的每一个决策、每一次行动，都影响着整个团队甚至整个企业的命运。他们的成功不仅表现为个人业绩的增长，还表现为员工的成长和企业的发展。

10.1.2 自律为领导者个人 IP 带来精神价值

领导者个人 IP 的打造对领导者自身和企业的发展都具有重要意义。对一名优秀的领导者来说，自律是其不可或缺的品质，它不仅能为领导者个人 IP 赋予精神价值，还能确保领导者做到以身作则。

领导者的言行会对整个企业产生重要影响。如果领导者没有遵循正确的行为准则，那么企业很可能风气不正，偏离正确的发展方向。因此，"先律己，后律人"是领导者管理企业的重要准则。

自律意味着人对自己有严格的要求和约束，能够自觉地控制自己的行为、情绪和欲望。自律的领导者能够清晰地规划自己的工作和生活，合理分配时间和精力，确保各项任务都能高效完成。这种自我管理能力使他们在复杂多变的工作环境中保持冷静和专注，有条不紊地应对各种挑战。

领导者在团队中起着重要的示范作用，其行为习惯会在不经意间影响员工的行为。要想使员工具备良好的职业素养和工作态度，领导者就需要管理好自己。在工作中，领导者应该积极主动地承担责任，保持良好的工作习惯，规范自己的言行举止，这样才能树立良好的形象，获得员工的尊重和信任。

例如，在项目紧急的情况下，自律的领导者会主动加班，与员工共同奋战，而不是置身事外，仅进行指挥。在面对利益的诱惑时，自律的领导者能够坚守道德底线和职业操守，为企业树立正确的价值观。

领导者坚持"先律己，后律人"的准则，有利于构建良好的管理风气。这不仅会促使员工自觉遵守企业的规章制度，还会激励员工发挥自身的工作积极性和创造力，从而推动企业不断发展。

总之，自律对领导者来说至关重要。它不仅为领导者个人 IP 注入了精神价值，还使领导者能够以身作则，引领企业走向成功。

10.1.3 解决员工对领导者的信任危机

员工对领导者的信任是企业高效运作的基石。然而，信任危机却时有发生，给管理带来诸多挑战，而领导者拥有个人 IP 是解决信任危机的关键。

拥有鲜明个人 IP 的领导者，往往具备清晰且稳定的价值观。价值观通过领导者的言行举止得以体现，使员工能够明确感知和理解。例如，一位注重创新和持续学习的领导者会不断鼓励员工尝试新方法、接受新知识，并带头参加培训和研讨活动。领导者对价值观的坚定践行，使员工相信领导者的决策是基于共同的理念和目标，而不是基于一时的冲动或私利做出的，从而增强对领导者的信任。

拥有个人 IP 的领导者往往具有独特的领导风格和魅力。有的领导者以具有亲和力著称，善于倾听员工的想法和诉求，让员工感受到被尊重和关心；有的领导者以果断和决断力赢得员工的信赖，在关键时刻能够迅速做出正确的决策。无论是哪种风格的领导者，只要其真诚、积极，就能在员工心中树立值得信赖的形象。当员工与领导者在工作过程中产生共鸣时，他们之间便自然而然地建立了信任关系。

同时，拥有个人 IP 的领导者通常在专业领域有着卓越的能力和业绩。他们是行业内的专家或权威，能够为员工提供准确的指导。员工会因为领导者的专业素养而相信他们具备带领团队走向成功的能力。例如，在面对技术难题时，一位技术型领导者能够凭借其丰富的专业知识迅速找到解决方案，这无疑会让员工对其充满信心。

良好的个人 IP 有助于领导者塑造透明、公正的形象。他们愿意与员工分享信息，包括企业的发展规划、企业面临的挑战及做出决策的依据。在绩效评估、奖励分配等敏感问题上，领导者能够做到公平、公正，依据明确的标准进行操作。这种透明度和公正性消除了员工的疑虑和猜测，让他们相信自己在一个公平的环境中工作，进而增强对领导者的信任。

总之，通过打造个人 IP，领导者可以从价值观、领导风格、专业能力和管理模式等多个方面赢得员工的信任，化解信任危机，打造一个团结、高效、充满活力的团队。

10.2 领导者个人 IP 建设的四个关键点

领导者不仅需要具备出色的业务能力，还需要在三观建设、社交互动、对待员工和持续学习等方面下功夫。通过明确自身的定位，展现独特的魅力，领导者能够赢得员工的信任与市场的认可。

10.2.1 "内秀"建设：优化三观

在领导者个人 IP 建设的四个关键点中，能够优化三观的"内秀"建设占据着重要的地位。

三观即世界观、人生观和价值观，它们决定着一个人的行为方式、决策风格及其与他人的相处模式。对领导者而言，拥有积极、健康且与时俱进的三观，不仅是其个人成长的基石，更是其引领企业走向成功的关键。

优化世界观意味着领导者要有广阔的视野和对世界的全面认知。在全球化的商业环境中，领导者不能局限于眼前的"一亩三分地"，而要关注国际形势、行业动态、技术创新等宏观因素对企业的影响。具备开放的世界观，能够使领导者在制定战略时，充分考虑到外部环境的变化和趋势，从而做出具有前瞻性的决策。

人生观的优化关乎领导者对自身角色和人生意义的理解。领导者应认识到，工作不仅是为了追求个人的名利，更是为了实现自我价值，为员工创造发展机会，为社会做出贡献。当领导者将自己的人生目标与企业和社会的利益相结合时，他们会更有动力地克服困难、迎接挑战，并且在面对挫折时坚韧不拔，毫不退缩。

价值观的优化是领导者"内秀"建设的核心所在。诚信、责任、创新、合作等因素应当贯穿于管理的始终。坚守诚信，能够让领导者赢得员工、合作伙伴和客户的信任；勇于承担责任，能够让领导者在面对问题时不推诿，积极解决；鼓励创新，能够让领导者为企业注入新的活力，提升企业的竞争力；注重合作，能够让领导者促进企业内部的和谐，以及与外部伙伴建立良好的关系。

在做出商业决策时，如果领导者仅考虑短期经济利益而忽视诚信原则，虽然能获得一时的收益，但从长远来看，会损害企业的声誉和形象。如果领导者始终以正确的价值观为导向，做出符合道德要求和有利于企业长期发展的决策，那么即使企业可能会在短期内面临困难，最终也会赢得市场和人心。

10.2.2 "包装"领导者的社交平台

在数字化时代，社交平台已成为领导者展示个人形象、传播理念和与利益相关者互动的重要窗口。在领导者进行个人 IP 建设的过程中，"包装"社交平台是至关重要的一环。通过巧妙的"包装"，领导者可以在社交平台上展现独特的专业形象和个人魅力，提升个人影响力。

要想进行个人 IP 建设，领导者需要选择合适的社交平台，将其作为打造个人 IP 的主要阵地。当前，可供领导者选择的社交平台有很多，以下面三个社交平台为例进行讲述。

1. 领英

领英是一个专注于职业社交的平台，非常适合领导者进行个人 IP 建设。在领英平台上，领导者可以完善工作经历、教育背景、专业技能、所获荣誉等个人资料，从而展示自己的职业发展历程和专业成就。

通过发布高质量的文章、观点、行业动态分析等内容，领导者可以逐步树立起专业的形象。领导者也可以与同行、下属、合作伙伴等建立连接，拓展人脉关系网，积极参与行业群组的讨论和活动，提升个人的曝光度和影响力。

2. 微博

微博是一个信息传播迅速、覆盖面广的社交平台。领导者可以利用微博分享自己在工作中的见解、经验、成果，以及在生活中的点滴，从而塑造更加立体、真实的个人形象。

通过发布有价值的内容吸引粉丝的关注，并巧妙运用话题标签、@相关人士等功能，领导者能够有效扩大内容的传播范围。此外，与行业内的"大 V"、专家进行互动，积极参与热门话题讨论，将进一步提升领导者个人的话题度和关注度。

3. 微信公众号

如果领导者有足够的时间和精力进行内容创作，那么可以选择在微信公众号上打造个人 IP。通过定期推送专业文章、案例分析内容、管理心得等高质量内容，领导者可以在特定领域树立起专家形象。

借助微信公众号的菜单设置、自动回复等功能，领导者可以为读者提供便捷的服务和信息。此外，充分利用微信的社交传播特性，引导粉丝进行内容分享与传播，有助于领导者迅速扩大公众号的影响力，进一步提升个人品牌价值。

社交平台是领导者进行对外展示的窗口，为其打造个人 IP 提供了肥沃的土壤。在选择了社交平台之后，领导者应如何对其进行"包装"呢？领导者可以按照图 10-1 所示的内容来做。

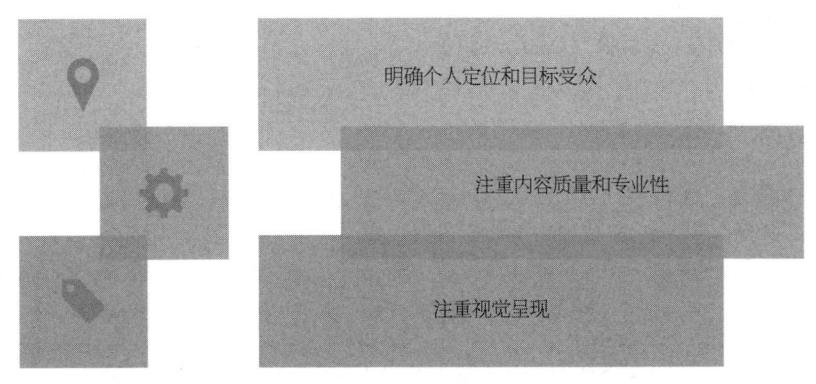

图 10-1　领导者如何"包装"社交平台

首先，领导者需要明确个人定位和目标受众。具体来说，领导者需要明确自己的社交平台主要面向哪些人群，如员工、合作伙伴、行业专家、潜在客户等。这有助于制定具有针对性的内容策略。此外，领导者还需要确定自己在社交平台上的主要目标，如提升个人的品牌知名度、提升行业影响力、促进业务合作等。

其次，在内容创作方面，领导者需要注重内容质量和专业性。有深度、有见解的内容能够展现领导者的专业素养和智慧。领导者可以定期发布行业分析报告、管理心得、团队建设经验等内容。同时，领导者在发表内容时可以结合生动的案例和实际数据，增强内容的可信度和说服力。

最后，注重视觉呈现是领导者"包装"社交平台的关键。领导者应选择清晰、专业的头像与封面图片，确定统一的视觉风格与配色方案，使页面整洁、美观。在内容编排上，领导者应合理运用排版技巧，将文字、图片、视频等元素有机结合，提高内容的可读性和吸引力。此外，领导者应定期更新个人简介和职业履历，确保信息准确、完整，让访问者能够快速了解其背景和成就。

领导者打造个人 IP 离不开其对社交平台的精心"包装"。通过明确个人定位、创作优质内容、优化视觉呈现效果，领导者能够在社交平台上塑造专业、可信、有影响力的个人形象，为个人和企业的发展创造更多的机会。

10.2.3 以热情、乐观的态度对待员工

在打造个人 IP 的过程中，领导者应保持热情、乐观的态度。这样的态度不仅能够帮助领导者更好地与员工沟通和协作，还能够为整个企业营造积极向上的工作氛围。

热情如同燃烧的火焰，能够驱散阴霾，激发员工的工作积极性和创造力。当领导者全身心地投入工作时，会将自己的热情传递给员工，激励员工更加积极地投身于工作中。乐观则是企业在遇到困难时的明灯，能够给予员工希望和勇气。

领导者以热情、乐观的态度对待员工，能够在自己和员工之间构建起信任和尊重的桥梁。员工会感受到领导者对自己的真诚关怀，从而更愿意为企业贡献力量。这种态度还能够增强员工的归属感，使他们将个人目标与企业目标紧密结合。

在打造领导者个人 IP 方面，雷军无疑是一位杰出的代表。作为小米公司的创始人，雷军以真诚、随和、亲民的形象赢得了广泛的赞誉。他生活简朴，常穿着牛仔裤和衬衫亮相，脸上总是洋溢着诚挚的笑容。他还拥有很强的专业能力，凭借在创业、投资、程序开发及产品打造等方面的卓越成就，赢得了业界的广泛认可。

在 2022 年的年度演讲中，雷军分享了自己在金山公司开发盘古软件失败后亲自投身销售的经历，以及离开金山公司后的迷茫与探索，包括在创办卓越网时遇到的挫折与最终创办小米公司的经历。他擅长以真实、动人的故事为媒介，将个人经历与感悟分享给大众。其中，他"Are you ok"的自嘲片段更是展现了其敢于直面不足的一面，引发了广泛共鸣。

雷军还擅长运用目标客户的语言与他们进行沟通。在他发布的视频中，他熟练运用流行的网络用语与年轻人互动。这种贴近年轻受众的表达方式，使得他输出的内容更具有传播力。此外，他持续不断地进行内容输出，通过演讲、社交媒体等多种渠道分享自己的经验和见解，进一步巩固了其个人 IP 的影响力。

个人 IP 打造需要领导者以热情、乐观的态度对待员工。这样的态度不仅能够帮助领导者与员工建立良好的关系，还能够为整个企业营造积极向上的氛围，推动领导者个人 IP 打造工作顺利进行。

10.2.4　善用背书效应，保证权威性

在商业领域，背书是指持票人在票据背面签字，以转让票据权利或授予他人一定的票据权利。在领导者个人 IP 打造中，背书是指领导者借助外部的认可、推荐或支持来增强自身的可信度和权威性。对领导者而言，背书效应具有多重价值：它能够缩短他人对自己的认知过程，快速建立他人与自己之间的信任关系；还能够为领导者带来更多的资源和机会，吸引优秀的人才和合作伙伴。

董明珠是一位以直言不讳、决策果断而著称的商业领袖，她的言行举止受到公众的高度关注。特别是她与小米公司创始人雷军之间的"十亿赌约"，更是让其成为舆论的焦点。

这个赌约一经提出，便在社会上引发了广泛的讨论和关注。对董明珠来说，这个赌约强化了她"铁娘子"、强势领导者的形象。在赌约有效期间，董明珠在格力内部积极推动实施多元化发展战略，不断拓展格力的业务领域，促使格力从传统的空调制造领域向智能装备、智能家居等领域进军。通过在各种场合提及和回应与小米公司的竞争，董明珠始终保持着较高的曝光度和话题度，成为格力品牌的最强代言人。

董明珠巧妙地借助格力与小米公司的对比，强化了格力的核心竞争力和自身的领导形象。在赌约有效期间，董明珠不断强调格力在制造工艺、品质控制、技术研发等方面的优势，向消费者和市场传递出格力坚守品质、专注技术创新的品牌理念。通过将格力与借助互联网模式崛起的小米公司进行对比，董明珠更加清晰地勾勒出格力的发展路径和独特价值，使消费者和市场对格力的品牌形象有了更深刻的认知。

领导者利用背书效应打造个人 IP 的方法如图 10-2 所示。

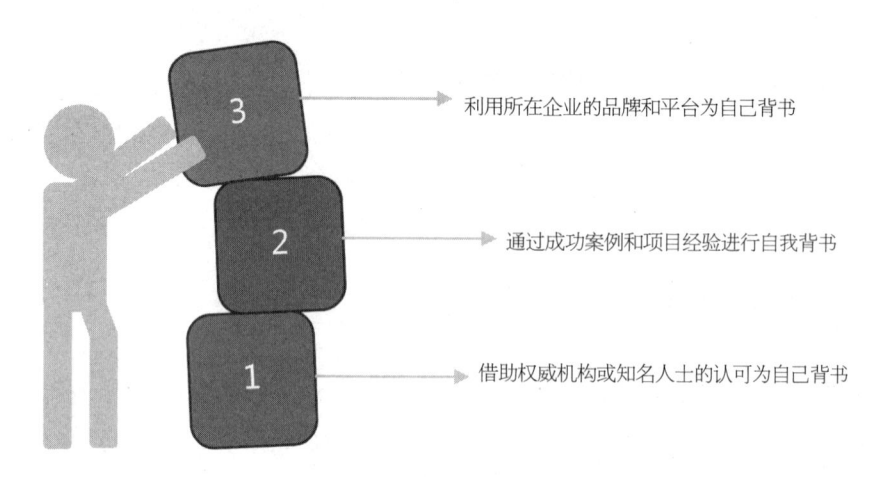

图 10-2　领导者利用背书效应打造个人 IP 的方法

首先，领导者可以借助权威机构或知名人士的认可为自己背书。例如，领导者可以参与行业内权威机构举办的评选活动，并获得相关奖项或荣誉称号；与行业专家、意见领袖建立合作关系，得到他们的推荐和支持等。这些来自外部的认可和支持，能够提升领导者在行业内的声誉和地位。

其次，领导者可以通过成功案例和项目经验进行自我背书。领导者可以通过多种渠道宣传和推广自己曾领导的成功项目、带领团队取得的突出业绩，以及为企业创造的巨大价值等。例如，在企业内部会议上分享成功经验、在行业论坛上发表演讲并介绍项目成果、在社交媒体上展示相关数据和成果等。

最后，领导者可以利用所在企业的品牌和平台为自己背书。如果所在企业具有较高的知名度和良好的市场口碑，那么领导者可以积极参与企业的对外宣传和推广活动，将个人形象与企业品牌紧密结合，借助企业的影响力来打造个人 IP。

总之，背书效应对领导者打造个人 IP 来说具有至关重要的作用。通过合理运用多种背书方式，领导者能够不断提升个人影响力，塑造独特而强大的个人 IP，为个人职业发展和企业发展创造更多机遇和价值。

10.3 深度个人 IP：升级领导者的影响力

在当今竞争激烈的商业环境中，领导者要想脱颖而出，打造深度个人 IP 是一个有效的手段。通过精练的语言钉，领导者能够确保自己的观点深入人心。借助视觉锤构建独特且完善的视觉体系，领导者能够加深他人对自己的了解与认同。

10.3.1 语言钉：用金句和口号促进传播

在打造个人品牌和推动信息传播的过程中，领导者可以巧妙地运用语言的力量，将金句和口号打造成语言钉，以深化个人 IP 并扩大影响力。所谓语言钉，就是指那些具有独特魅力和强烈感染力的词语和句子，它们富含深邃的智慧、强烈的情感和独特的视角，能够迅速捕获人心，引发共鸣。

彼得·德鲁克被誉为"现代管理学之父"，其诸多卓越见解被业界广泛认可并传播。其中，"只要每个人都将卓有成效作为最高工作标准，那么一群平凡的人就能做出不平凡的事"等精辟论断，不仅语言简练、易懂，还蕴含着卓越的管理智慧。这些金句不仅有效地传达了彼得·德鲁克的管理哲学，还进一步巩固了他在管理学领域中的权威地位。

金句是语言钉的一种形式，以精练的语句表达出深远的含义。这些句子往往充满哲理，具有启发性和指导性，能够触动人们的心灵，引发深思。领导者在运用金句时，应结合自身的经验和理解，将其融入日常工作和生活中，以展现自己的独特魅力。金句不仅能够加深人们对领导者的印象，还能够为企业或品牌增添独特的文化底蕴。

口号也是语言钉的一种形式，具有简短、有力、富有节奏感等特点。口号通常简单、明了，易于记忆和传播，能够迅速吸引听众的注意力，并让他们在情感上产生共鸣。一个好的口号不仅能够准确地传达出企业或品牌的核心价值，还能够引发人们的共鸣，让他们对企业或品牌产生情感认同。

在利用语言钉深化个人 IP 时，领导者需要注意以下几点。首先，要确保金句和口号与自身形象和品牌理念相契合，避免出现不合适的表达。其次，要注重金句和口号的创意性和新颖性，避免使用过于陈旧的词语和句子。最后，要注重金句和口号的传播和宣传，通过各种渠道将其传递给更广泛的受众，以提升个人品牌的知名度和影响力。

领导者通过运用语言钉，不仅能够提升自身的影响力，还能够深化个人品牌形象，为自己和品牌赢得更多的关注和支持。

10.3.2 视觉锤：塑造完善的视觉体系

在打造个人 IP 的过程中，很多领导者会忽视外在形象管理。实际上，领导者要想打造成功的个人 IP，不仅需要明确自身的优势与人设，还需要通过外在形象管理，给他人留下深刻的印象。

事实上，很多成功的企业家都十分重视外在形象管理。例如，提起乔布斯，人们的脑海中会浮现出他身穿圆领衫、牛仔裤的形象。乔布斯喜欢这样的穿搭，不仅是因为方便，还因为这种固定的穿衣风格就像一种标签，能够加深消费者对他的印象。由于他总是以这样的着装出席产品发布会和其他各种活动，因此这样的着装成了他的标志，帮助其打造了独特的个人 IP。

这套休闲式的穿搭帮助乔布斯拉近了其与消费者之间的距离，让消费者产生一个普通的朋友在向自己介绍一款优质产品的感觉。此外，不仅在穿着打扮上具有独特的风格，乔布斯还在发布会上对语言与动作进行管理，使自身的演讲更具有感染力与说服力。

Facebook 的创始人扎克伯格，也有自己独特的外在形象管理之道。扎克伯格偏爱灰色 T 恤、连帽衫和牛仔裤，在不穿连帽衫时，他往往会穿一件灰色 T 恤。扎克伯格曾公开展示自己的衣柜，衣柜中只有灰色 T 恤、连帽衫和牛仔裤。久而久之，这一形象成为扎克伯格的经典形象，成为他深入人心的个人 IP。

乔布斯和扎克伯格的形象都符合他们的个人 IP 定位。领导者也可以根据自己的气质、个人 IP 定位，设计与之相符的外在形象。例如，领导者要想打造"商业精英"的形象，就需要以身着西装的形象示人。为了突出自身的特色，领导者可以在西装的颜色上和他人做出区分。

无论领导者选择什么样的装扮打造自己的外在形象，都要长期坚持这一选择。领导者只有长久地以某一种形象出现在公众面前，才能够逐渐加深公众对自己个人形象的印象，才能让这一形象成为自己的标志。

10.3.3　稻盛和夫的工作观：认真度过每一天

稻盛和夫被誉为"经营之圣"，用他的一生诠释了认真工作的力量。他所倡导的"认真度过每一天"的工作观并非一句空洞的口号，而是一种深刻的人生哲理和工作态度。

认真度过每一天，意味着领导者应全身心地投入到当下的工作中。领导者不应被烦琐的事务和未来的不确定性所困扰，而应专注于当下的每一项任务，把每一个细节都做到极致。例如，在制定营销策略时，领导者不应草率行事，而应深入地研究市场、分析竞争对手、了解消费者的需求，确保营销策略的科学性和有效性。

这种认真的态度还体现在对工作的热爱和执着上。领导者应将工作视为实现自我价值的途径，而非仅是获取利益的途径。只要对工作充满热情，领导者就会主动追求卓越，不断挑战自我，从而激发员工的工作积极性和创造力。

认真度过每一天，还要求领导者具备坚韧不拔的毅力。在面对困难和挫折时，领导者不应轻易放弃，而应以认真的态度去寻找战胜困难和挫折的方法。

同时，认真工作的领导者应能够以身作则，为员工树立良好的榜样。员工会受到领导者认真态度的感染，营造积极向上的工作氛围，增强执行力，提高工作效率。

为了做到认真度过每一天，领导者需要不断反思和总结。在每天工作结束时，领导者可以回顾这一天的工作，思考哪些地方做得好、哪些地方还需要改进。通过持续的自我提升，领导者能够不断完善自己的管理策略和工作方法。

此外，领导者还要学会在工作中寻找乐趣和意义。只要把工作视为一种享受而不是负担，领导者就能更加投入、更加认真地对待每一天。

稻盛和夫"认真度过每一天"的工作观值得领导者学习和借鉴。秉持这种态度的领导者能在激烈的市场竞争中脱颖而出，带领员工走向辉煌，实现个人和企业的共同成长。

第 11 章 游戏化组织：让工作变得更有趣

游戏化组织是一种创新的组织形态，能够使工作更有趣。通过将游戏的元素和机制融入工作场景，领导者能够打破传统单调与枯燥的工作模式。例如，设立有趣的任务挑战、引入积分奖励系统，能够让员工在完成工作的过程中获得乐趣和成就感。这种方式能够激发员工的工作积极性和创造力，使工作不再是一种负担，而是充满乐趣的探索之旅，进而提升企业的凝聚力和工作效率。

11.1 在新时代，员工更希望工作有趣

随着个人意识的觉醒，员工对工作的期待发生了变化，更加渴望在工作中获得乐趣。互联网的发展极大地拓展了员工的能力边界，与此同时，领导者的领导力也需要与时俱进、不断创新。在此背景下，采用游戏化组织来开展工作是一个明智的选择。然而，在实施之前，设定清晰且宏大的目标至关重要，它是领导者引领企业走向成功的关键前提。

11.1.1 互联网放大了员工的能力

互联网打破了地域和时间的限制，让员工能够随时随地获取知识和信息。过去，员工的学习机会往往仅限于其所在企业的内部培训和经验分享；如今，通过互联网，他们能够轻松接触到全球前沿的行业动态和专业知识。

丰富的在线教育资源，如专业技能提升课程、跨领域知识讲座等，为员工提供了广阔的学习空间。他们不再依赖于传统的线下培训，而是能够根据自己的时间和需求，自由选择学习内容，制订个性化的成长计划。

社交媒体的普及为员工展示个人能力提供了重要舞台。员工可以在社交媒体上分享自己的见解、作品和经验，吸引同行和潜在合作伙伴的关注。这种社交互动不仅有助于员工个人品牌的建立，还能为员工带来合作机会和职业发展空间。

例如，一位平面设计师在社交媒体上定期分享自己的设计作品，其独特的创意和精湛的技艺吸引了来自不同地区的客户，帮助他成功拓展了业务范围，承接了更多的设计项目。再如，一位程序员在技术论坛上积极参与交流，分享自己解决复杂问题的思路和方法，其专业能力得到了广泛认可，进而收到知名科技公司的高薪邀约。

互联网还极大地促进了员工之间的协同合作。通过在线协作工具，不同地区、不同背景的员工可以轻松地组成团队，共同完成项目。这种跨地域、跨文化的合作模式，能够激发员工的创新思维，提升他们解决问题的能力。

例如，在一个全球化的项目中，来自亚洲的工程师、来自欧洲的设计师和来自北美洲的市场营销专家可以实时交流，共同攻克技术难题，优化产品设计，制定市场推广策略。他们各自发挥专业优势，为项目的成功贡献力量，同时在合作中相互学习，提升自身的综合能力。

互联网如同一个放大器，让员工的能力得以充分展现和不断提升。在这个充满机遇的时代，企业和员工都应充分利用互联网的优势，实现更好的发展。企业需要为员工提供良好的互联网环境和支持，鼓励员工创新和自我提升。员工应积极主动地适应互联网时代的变化，不断提升自身的能力，以期在激烈的市场竞争中脱颖而出。

11.1.2 时代在进步，领导力也要创新

"距离已不再成为障碍，如今，我们面临的选择是创新，否则便会消亡。"管理学家托马斯·彼得斯的这句话深刻揭示了在当今竞争激烈的商业环境中，无论是企业，

还是个人，都必须持续创新，才能得以生存并发展。

传统的领导力往往建立在明确的层级指挥与控制架构之上。领导者通常以高高在上的姿态下达指令，而员工则更多地扮演被动执行者的角色。在过去，信息流通速度较慢，知识传播范围有限，领导者凭借丰富的经验和专业知识，能够有效地控制局面。

然而，随着时代的飞速发展，信息传播已达到前所未有的速度，知识获取也变得更加容易。员工不再满足于仅机械地执行指令，他们拥有丰富的知识储备、独立思考的能力，以及强烈的实现自我价值的愿望，渴望在工作中展现主动性和创造力。

这无疑对领导者提出了全新的要求。他们必须转变思维模式，从单纯的指挥者转型为引导者和启发者。创新的领导力还体现在营造开放、包容的工作环境上。领导者要积极鼓励员工提出新颖的想法和观点，摒弃对异见的排斥态度。他们需要倾听员工的声音，尊重并认真对待每一条建议，从而激发企业内部的创新活力。

邓建民是碧迪医疗全球高级副总裁、大中华区总经理，面对当下复杂多变的环境，他积极推动碧迪医疗的领导力革新，以深化其本土化创新战略。他敏锐地洞察到，在 VUCA 时代行业变革的浪潮中，医疗行业传统的"职业经理人式"领导模式亟待向更具预见性、创造性和变革精神的领导模式转变。同时，他强调领导者需要兼具坚韧不拔的性格、具有前瞻性的视野、敏捷的反应能力、开放的胸怀和真诚的同理心。

在本土化布局方面，邓建民引领碧迪医疗持续深化本土生产与创新，不断扩大本土产能，积极推动产品国产化。同时，碧迪医疗确立了"研发双中心策略"，并设立了大中华区创新中心，更精准地满足本土市场的多元化需求。此外，碧迪医疗还加强了与"产、学、研、医"各方的沟通与合作，共同构建协作、共赢的产业生态。

碧迪医疗凭借邓建民在本土化创新战略和领导力变革方面的卓越表现，在 2023 年再次荣获"中国杰出雇主"称号，这已是其第六次获此殊荣。

那些能够敏锐洞察时代趋势、勇于突破传统、积极拥抱创新的领导者，能够带领企业员工在波涛汹涌的市场中破浪前行，驶向成功的彼岸。反之，那些故步自封、拒绝变革的领导者，终将被时代淘汰。

时代在进步，领导力也应紧跟时代的步伐，不断创新、进化。这样领导者才能引领企业在充满机遇与挑战的未来脱颖而出，创造辉煌。

11.1.3　游戏化组织激发员工的潜能

利用游戏化组织开展工作并非简单地将游戏引入工作中，而是借鉴游戏的设计理念和机制，重新塑造企业的运作方式和员工的工作体验。其核心要素包括明确的目标、即时的反馈机制、有趣的挑战与任务、积分或奖励系统及社交互动元素。

传统的管理模式往往依赖于外在的激励因素，如工资、福利等。然而，游戏化组织通过激发员工的工作积极性，让他们更加主动地投入工作。游戏化组织的作用如图 11-1 所示。

显著提升员工的工作积极性　　有力增强员工的协作能力　　有效激发创新思维

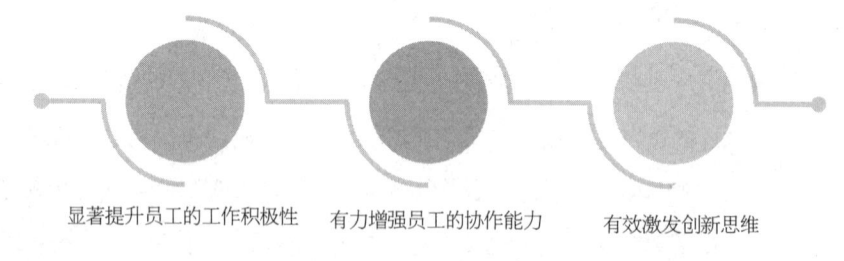

图 11-1　游戏化组织的作用

1. 显著提升员工的工作积极性

当原本单调、乏味的工作被赋予游戏的趣味和挑战时，员工的工作动机将不再仅局限于完成任务以获取薪酬，而是转变为追求自我挑战的成功和个人成就的满足。他们会更主动地投入工作，积极寻求解决问题的方法，努力提升工作效率和工作质量。

2. 有力增强员工的协作能力

在很多热门游戏中，玩家需要紧密合作、协同作战，才能顺利通关，工作也是如此。通过精心设计游戏化机制，如团队任务、合作挑战、共同奖励等，领导者可以有效打破部门之间的壁垒，促进员工之间的深度交流与密切合作，从而使员工更加团结，具有更强的协作能力。

3．有效激发创新思维

在一个充满游戏化元素的工作环境中，员工因为受到的束缚和压力减少，更敢于突破常规，尝试新的工作方法和思路。这种轻松活跃的工作氛围为创新思维的萌发提供了肥沃的土壤，有助于员工提出更多新颖独特、富有价值的想法和解决方案。

阿里巴巴每年会给员工发送"阿里家书"，这不仅是一份礼物，更像一个游戏任务。在"阿里家书"中，阿里巴巴不仅对员工的辛勤付出表示感谢，还巧妙地融入了各种互动元素，如谜题解答、任务挑战等，使得这封家书不仅是一封信，还是一次充满趣味和挑战的体验。员工需要积极参与这些任务，并且完成它们。在完成任务后，员工可以在公司内部的平台上分享心得、交流体会。这种做法不仅让员工感到自己是公司的一部分，增强了他们对公司的归属感和认同感，还促进了员工之间的沟通和协作。

此外，完成任务的员工还有机会获得特别的奖励。这不仅是对他们努力工作的肯定，更是激励他们继续努力的动力。这种做法不仅使得员工更加积极地参与到公司的各项工作中，也使得他们更有动力去挑战自我、提升自我。

游戏化组织是一种全新的、富有活力的组织形式。合理应用这一组织形式，能够激发员工的潜能，提升团队的绩效，为企业创造更大的价值。

11.1.4　清晰、宏大的目标是前提

清晰的目标如同明亮的灯塔，能够在复杂多变、充满迷雾的工作环境中为员工指明前行的方向。如果目标模糊不清、模棱两可，员工就如同在黑暗中摸索，难以准确地把握自己的努力方向和工作重点。在这种情况下，员工不仅在工作效率上大打折扣，还很容易在烦琐的事务中迷失自己，陷入无序和混乱的工作状态中。

宏大的目标拥有非凡的激励力量。它超越了日常工作中那些琐碎、短期的利益追

求，能够触及员工内心深处的渴望和激情。一个仅局限于眼前的蝇头小利、狭隘短视的目标，很难充分点燃员工的工作积极性、主动性和创造性。相反，一个宏大的目标，如彻底改变行业的既有格局、为社会创造前所未有的巨大价值等，能够让员工深切地感受到自己所从事的工作的深远意义和崇高价值，从而激发他们产生强大的动力，促使他们全身心地投入工作中，不计较一时的得失，为了实现伟大的愿景而不懈努力。

苹果公司便是一个典范，它始终坚定不移地将"改变世界"作为自己的宏伟目标。这一目标并非空洞的口号，而是被深深地融入苹果公司的每一项决策和产品研发过程中的具体行动。它不仅激励着研发团队挑战极限、勇于创新，推出了如iPhone、iPad等具有划时代意义的产品，还让市场营销、供应链管理、客户服务等各个部门的员工清晰地认识到，自己所做的每一项工作，无论大小，都在为实现这一伟大目标贡献力量。

那么，领导者应如何确立清晰、宏大的目标呢？

首先，领导者需要对市场发展趋势、行业动态及企业所具备的优势和存在的劣势进行全面、深入、细致的剖析和研究。在此基础之上，领导者需要紧密结合企业的长远愿景和核心使命，制定出既具有前瞻性又切实可行、符合实际情况的目标。

其次，目标的表述方式至关重要。目标应简洁明了、通俗易懂，避免使用过于复杂、晦涩难懂的语句和概念。领导者要确保每一位员工都能快速、准确地理解目标的核心内涵、关键要点，以及其对企业和个人的重要意义。

最后，领导者不能仅满足于目标的制定和宣布，还要通过持续不断的沟通、培训、激励，向员工反复阐述目标的深远意义和巨大价值，让员工在内心深处真正认同并接受目标，将其转化为自己的内在追求和动力源泉，心甘情愿地为实现这一目标而不懈努力。

清晰、宏大的目标为领导者成功构建游戏化组织奠定了坚实的基础。只有在这样的目标的指引下，游戏化组织中的各种策略、机制和手段才能充分发挥作用，释放出巨大的能量。

11.2 为企业制定"游戏规则"

任何游戏都有规则，游戏化组织也要有自己的规则。蜘蛛模式是中心化、层级分明的组织模式，而海星模式则是去中心化、灵活的组织模式。无论采取哪种组织模式，企业都不能遵循一成不变的游戏规则，而是要根据实际情况不断调整和优化游戏规则，以适应未来的发展。

11.2.1 任何游戏都必须有规则

波兰作家莱蒙特曾表示，世界上的一切都必须按照一定的规矩、秩序各就各位。这表明在社会中，各种事物都需要遵循一定的规范和准则才能保持稳定、和谐与正常运转。

很多领导者认为规则是企业为了约束员工而单方面制定的行为规范。这种想法的狭隘之处在于，领导者认为在管理过程中，员工会无条件地接受管理并主动按照规则约束自己。而真实的管理过程更像领导者与员工的博弈，是无数局需要深思熟虑才能获得胜利的游戏。因此，领导者在制定规则时不能想当然地认为员工一定会服从，而是应该在经过多方调研后，制定一套综合各方面因素、合理约束员工的"游戏规则"。

领导者可从标准、流程和奖惩制度三个方面出发制定"游戏规则"。

1. 标准

标准是指每项工作的具体要求，以及对员工的完成度进行评判的依据。工作更适合谁来做？工作需要做到什么程度？工作需要在多长时间内完成？每隔多久需要进行汇报？将这些明确的要求整合起来即为工作的标准。

2. 流程

流程是指员工正确、高效地开展工作的具体途径，是员工按照工作要求分解工作并实施的步骤。它涉及从开始工作到最终完成工作的各个环节，包括每一步的具体操作方法、问题的解决方案，以及每个步骤向哪位领导者进行汇报等。流程能够确保工作有序地进行，提高整体工作效率。

3. 奖惩制度

奖惩制度是针对员工的工作表现所设立的明确评价机制。当员工出色地完成工作时，应给予其相应的奖励；当员工的工作完成度不高时，应有相应的惩罚措施。这一制度不仅为员工提供了明确的目标和动力，也通过正面的激励和适当施加压力，促使员工严格按照流程和标准开展工作。

在制定游戏规则后，领导者还应验证其合理性。在这方面，领导者需要评估员工是否按照游戏规则开展工作、游戏规则是否存在漏洞等，具体可参考以下问题。

（1）企业是否有明确的标准？标准的出发点是否符合企业要达成的目标？按照现有的标准开展工作能否取得预期的效果？标准是否需要进一步完善？

（2）企业是否有清晰的流程？流程是否有助于企业按部就班地实现目标？按照流程开展工作能否提高效率？流程能否帮助领导者达到管控的目的？流程中是否存在不合理或多余的步骤？流程是否需要进一步完善？

（3）企业是否有相应的奖惩制度？奖惩制度能否对员工起到应有的激励作用？奖惩制度能否推动员工进行自我管理？奖惩制度是否合理？是否需要进一步完善？

在根据以上问题对"游戏规则"进行反思后，领导者应根据自己得到的答案对"游戏规则"进行改善，确保"游戏规则"没有漏洞。

11.2.2　蜘蛛模式和海星模式

蜘蛛模式和海星模式是两种不同的组织模式，在组织架构、管理模式及效率等方面都存在着显著的差异。

蜘蛛模式是一种传统的、中心化的组织模式。在这种组织模式下，企业如同蜘蛛一般，拥有一个明确的中枢神经系统，即核心管理层。决策通常由高层领导者做出，然后通过层级结构被向下传达和执行。这种模式的优点在于能够实现高效的指挥和控制，确保组织行动的一致性和协调性。

蜘蛛模式存在一些局限性。例如，一旦核心管理层决策失误或领导能力不足，可能会使整个企业陷入混乱；层级结构可能导致信息传递存在延迟，影响企业的反应速度和创新能力。

相比之下，海星模式是一种去中心化的组织模式。海星没有明显的头部或中枢控制中心，即使失去一部分，剩余部分仍能存活并继续生长。在采用海星模式的企业中，权力和决策被分散到各个节点，每个员工都具备一定的行动自主权和决策能力。

海星模式的优势在于其强大的适应性和韧性。由于海星模式不存在单一的决策中心，因此采取该模式的企业能够快速响应外界的变化，使各个节点自主地做出决策并采取行动。这种模式鼓励创新和多元化的思维，因为每个员工都有机会提出自己的想法和解决方案。

维基百科就是采取海星模式的一个典范。它允许全球网民自由编辑和贡献内容，没有中央权威机构进行直接控制或管理。正是这种去中心化的组织模式，推动维基百科不断发展壮大，吸引了大量热衷于知识分享和传播的志愿者。这些志愿者的共同努力，使维基百科在短时间内迅速崛起，成为全球最大的知识库之一。

海星模式的组织架构具有极高的灵活性和可扩展性，每个节点都可以独立行动，同时又可以与其他节点协作。这种组织模式使得维基百科能够在全球范围内迅速响应各种知识需求，为人们提供丰富、全面、多元的信息资源。同时，去中心化的特点也使得维基百科具有很强的抗风险能力，即使某个节点出现问题，也不会影响到整个企业的运行。

蜘蛛模式和海星模式各有优劣，领导者应根据具体情况选择合适的组织模式，以实现企业的高效运作和持续发展。

11.2.3 游戏规则是需要不断调整和优化的

游戏化组织管理的核心在于，将工作转化为具有趣味性和挑战性的"游戏"，通过设定游戏规则来引导员工的行为。然而，随着时间的推移、环境的变化，以及员工需求的演变，刚开始设定的游戏规则可能会逐渐失去其有效性和吸引力。

例如，某企业为了提高销售团队的业绩，引入游戏化的奖励机制。最初，该企业将游戏规则设定为每月销售额达到一定标准的员工可获得丰厚的奖金。在实施初期，这一游戏规则确实激发了员工的工作积极性，使销售额显著提升。然而，随着时间的推移，员工逐渐适应了这一游戏规则，开始出现为了达到目标而采取短期行为的现象，如过度承诺客户但无法兑现、忽视与客户的长期关系培养。此时，该企业就需要对原有的游戏规则进行调整和优化。

领导者应该认识到，游戏规则的调整和优化是一个持续的过程。这需要他们密切关注企业内部因素和外部因素的变化。内部因素包括员工的工作状态、员工协作情况、目标达成度等；外部因素包括市场动态、竞争对手的策略、行业趋势等。

在调整游戏规则时，领导者需要充分与员工进行沟通和交流，了解员工对现有游戏规则的看法和建议，让员工参与到游戏规则的优化过程中。这样不仅能够增强员工对游戏规则的认同感和遵守意愿，还能够激发他们的创新思维，为游戏规则的改进提供更多有价值的想法。

例如，可以将上述销售团队的游戏规则调整为不仅关注销售额，还将客户满意度、市场份额的增长等因素纳入考核范围。同时，设置不同的奖励层次，鼓励员工在追求业绩的同时还应注重长期的客户关系培养和市场拓展。

另外，领导者还可以利用数据分析来评估游戏规则的效果。通过收集和分析相关数据，如员工的绩效数据、客户反馈数据等，领导者可以准确判断游戏规则是否达到预期的目标、是否存在需要改进的地方。

在管理游戏化组织的过程中，领导者应牢记游戏规则是动态的，需要不断改进。只有持续调整和优化游戏规则，使其与企业的发展需求和员工的期望相匹配，才能充分发挥游戏化组织的优势。

11.3 如何让员工自愿参与游戏

在组织员工参与游戏的过程中，领导者要明白员工自愿参与游戏至关重要。领导者应管理好员工的期望值，明确说明游戏的目的和益处，让员工真正理解并自愿参与，从而达到良好的效果。

11.3.1 做游戏，自愿参与很重要

员工自愿参与游戏是游戏能够达到预期效果的基石。如果员工被迫参与游戏，那么他们就会表现出消极的态度，无法全身心地投入其中。这样游戏不仅无法实现其原本的目标，如增强团队的凝聚力、提升员工的工作满意度等，反而可能引起员工的反感和抵触。

如果员工自愿参与游戏，他们就会更主动地发挥自己的潜力。他们会积极思考、勇于创新，与其他员工密切合作，充分享受游戏带来的乐趣和挑战。这种积极的态度能够极大地提升游戏的效果和价值。

例如，在一次活动中，某企业的领导者提供了几种不同类型的游戏供员工选择，员工可以根据自己的兴趣和特长自愿报名参与。结果是，每位员工都热情高涨，在游戏中展现出非凡的创造力和协作精神。在活动结束后，员工之间的关系更加紧密，他们在工作中的沟通和协作也更加顺畅。

领导者确保员工自愿参与游戏的做法如图 11-2 所示。

首先，领导者需要充分了解员工的兴趣和需求。领导者可以通过日常沟通、调查或者员工反馈等方式，收集员工对游戏的喜好和期望。只有提供符合员工兴趣的游戏，才能吸引他们自愿参与。

其次，领导者需要清晰地传达游戏的目的和意义。领导者要让员工明白参与游戏不仅是为了娱乐，更是为了促进团队合作、提升个人能力、缓解工作压力。当员工意识到游戏对他们自身和团队的价值时，便有可能自愿参与。

最后，领导者需要营造一种轻松、开放和包容的工作氛围。通过营造这样的工作氛围，领导者可以让员工打消顾虑，在游戏中自由地表达自己，不用担心犯错或者受到批评。

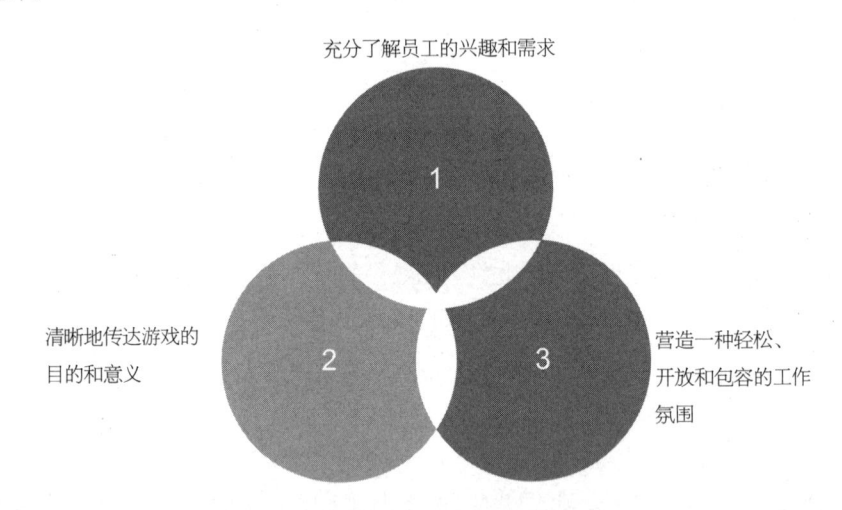

图 11-2　领导者确保员工自愿参与游戏的做法

总之，在组织员工参与游戏的过程中，领导者应明白员工自愿参与的重要性，并通过各种方式努力实现这一目标。只有这样，开展游戏活动才能真正成为促进企业发展和提升员工满意度的有效手段。

11.3.2　职场中不应该有长期的谎言

"诚实是人生的命脉，是一切价值的根基。"著名小说家德莱塞的这句名言深刻揭示了诚实在职场及人生中的不可或缺性。尽管谎言可能暂时能为我们带来某种利益或便捷，但从长远的角度来看，诚实才是员工构筑稳固的人际关系、实现事业成功的基石。

长期的谎言在职场中犹如腐蚀信任基石的毒液。当员工察觉到领导者不诚实时，即便领导者的不诚实只是表现在一些看似微不足道的事情上，他们对领导者的信任也会开始动摇。在游戏化组织的管理中，信任是促使员工自愿参与游戏的关键因素。

当领导者为了吸引员工参与某个游戏化项目，夸大了奖励的程度，或者隐瞒了项目背后可能存在的困难和风险时，员工在一开始或许会因为诱人的描述而积极参与，但当他们发现真相，意识到自己被谎言所蒙蔽时，就会产生失落和愤怒的情绪。他们不仅会对这个项目失去兴趣，还会对未来所有类似的活动都持怀疑和抵触的态度。

相反，一个坦诚和真实的管理环境能够使员工和领导者之间建立深厚的信任关系。当领导者诚实地告知员工游戏的规则、目标、奖励，以及其可能面临的挑战时，员工会感受到被尊重，从而更愿意参与其中。

例如，在一个旨在提升员工协作能力的游戏化项目中，领导者开诚布公地向员工说明，这个项目虽然具有一定的难度，但能够切实地帮助员工更好地理解彼此的工作方式，提升员工的默契度，并且对于在完成项目过程中表现出色的团队和个人，会给予公平、透明的奖励。在这样的前提下，员工会更有信心和动力去迎接挑战。

为了避免长期的谎言在职场中滋生，领导者需要时刻自省和自律。在传达信息、制定规则和评估结果等各个环节，领导者都要以真实和诚信为准则。同时，领导者还要建立畅通的沟通渠道，鼓励员工提出疑问和反馈，以及时纠正不实信息。

在游戏化组织的管理中，领导者只有坚守"职场中不应该有长期的谎言"这一原则，坦诚、真实地对待员工，才能赢得员工的信任，促使他们自愿、积极地参与游戏，进而实现企业的高效发展。

11.3.3　管理好员工的期望值

员工的期望值是他们心中的一把标尺，直接影响着他们对工作的满意度、投入度，以及绩效表现。

当员工的期望值过高，而现实工作带来的回报和发展机会无法与之匹配时，员工很容易产生失落感和挫败感。这种心理落差可能导致员工工作积极性下降、抱怨增多，甚至出现想离职的倾向。

相反，如果员工的期望值过低，那么他们可能会缺乏动力和进取心，仅满足于完成基本任务，无法充分发挥自身的潜力。这不利于企业的发展和创新。

因此，领导者需要敏锐地洞察员工的期望值，并采取有效的措施对其进行管理。

首先，领导者需要深入地与员工沟通。领导者可以通过定期的一对一谈话、团队会议等形式，了解员工的职业目标、对薪酬福利的期望及其对工作环境的要求。同时，领导者也要向员工清晰地传达企业的战略目标、发展规划及资源分配的原则，让员工对自身在企业中的定位和发展有一个清晰的认识。

其次，领导者应为员工制订合理的职业规划。领导者需要根据员工的表现和潜力，为其提供切实可行的职业发展路径和成长机会。这不仅包括培训课程、项目经验的积累，还包括适时的岗位晋升和岗位调整。

最后，领导者在设定目标时，要充分考虑员工的能力，确保目标既具有挑战性又能够实现。当员工成功完成任务时，领导者应及时给予肯定和奖励，强化他们的积极行为。

作为全球通信技术领域的翘楚，华为对员工期望值的管理策略独树一帜。华为为员工设定了极富挑战性的目标，虽然这些目标在初期可能会带给员工不小的压力，但华为还提供了极具竞争力的薪酬体系与完善的激励机制，让员工能够凭借辛勤付出获得远超预期的回报。这在适度调整员工的过高期望期的同时，也以实际的丰厚回馈不断激发员工挑战自我的热情，促使员工为企业创造更多的价值。

总之，管理好员工的期望值是领导者的一项重要职责。通过有效的沟通、制订合理的职业规划和目标设定，领导者能够帮助员工建立合理的期望值，提升他们的工作满意度和忠诚度。

第 12 章
时间管理：领导者必须拒绝无效努力

时间管理对提高工作效率、实现工作目标具有重要意义。企业的领导者在时间管理方面扮演着关键角色，他们不仅要确保自己高效地利用时间，还要引导和督促员工高效地利用时间。在这个过程中，领导者应坚决拒绝无效努力，将时间和精力投入到真正有价值的工作上。

12.1 把时间投入到关键任务上

在时间管理方面，领导者需要把时间用于完成关键任务，明确自己的核心职责，不被琐碎的事务所困扰。领导者可以遵循 ABC 优先法则，将任务按重要程度分级，也可以应用二八法则，将主要精力投入到 20%的关键任务上，以获取最大收益。领导者合理安排时间，集中精力解决那些具有重大价值和影响力的问题，能够有力地推动企业朝着目标前进。

12.1.1 任务排序：ABC 优先法则

在企业运营过程中，任务繁多且复杂，如何有效地安排和执行任务成为领导者面临的重要挑战。ABC 优先法则是一种经典的任务管理工具，能够为领导者提供清晰、有效的指导。

ABC 优先法则将任务分为 A、B、C 三个等级。A 级任务是最重要且最紧急的，对企业目标的实现和业务运营具有重要影响。如果员工不能及时完成 A 级任务，可能会导致严重的后果。B 级任务重要但相对不那么紧急，对企业目标的实现具有重要作用，在短期内产生的影响相对较小。C 级任务是既不太重要也不太紧急的事务，通常需要员工在有剩余时间和资源的情况下处理。

例如，某公司正在筹备新品发布会，确保按时完成产品生产并使产品达到质量标准，以及制定详细的发布会流程和宣传方案是 A 级任务。而对发布会现场进行装饰和准备一些备用的宣传材料，则被归为 B 级任务。至于更新公司内部的文件格式这类事务，就属于 C 级任务。

领导者在运用 ABC 优先法则时，需要对任务进行全面而深入的分析。这包括评估每项任务的重要性、紧迫性，每项任务对实现企业目标的贡献程度及其可能产生的影响。通过这样的分析，领导者能够准确地将任务划分到相应的等级。

然而，仅对任务进行分级是不够的，领导者还需要根据任务的等级合理分配资源。对于 A 级任务，应投入最多的时间、人力和资金，确保其顺利完成。对于 B 级任务，可以分配适当的资源，在不影响完成 A 级任务的前提下进行推进。对于 C 级任务，应尽量利用零散的时间和有限的资源来完成。

ABC 优先法则不是一成不变的，随着时间的推移和实际情况的变化，任务的等级可能会发生变化。例如，原本的 B 级任务由于外部环境的变化或内部战略的调整，可能会升级为 A 级任务。领导者需要保持敏锐的洞察力，及时调整任务的等级和资源分配。

在当今竞争激烈的商业环境中，领导者能否熟练运用 ABC 优先法则，决定了其工作效率的高低。它不仅帮助领导者在众多任务中厘清头绪，还确保对资源的合理利用和企业目标的实现。

12.1.2　无所不在的二八法则

经济学家维尔弗雷多·帕累托指出，任何事物中起到关键作用或决定性作用的内容只占该事物的一小部分，约为20%；其余80%的内容尽管占比较大，但只起到次要、非决定性的作用。该理论被称为"二八法则"，二八法则也叫帕累托法则。

二八法则的应用范围十分广泛。在《时间管理》这本书中，吉姆·斯特芬提到，既然起到关键作用的内容约占整体事物的20%，那么就应当将大部分精力投入这20%的内容中。这展现了二八法则的本质——为重要活动分配大部分时间。

在工作中应用二八法则，领导者需要具备分清主次、抓住主要矛盾的能力。只有抓住主要矛盾，领导者才能避免出现花费大量时间却难以推进任务、完成目标十分困难等情况。

基于这一法则，领导者在安排任务时，应当把重点放在识别和优先处理占20%的关键任务上。这意味着领导者要投入更多的时间和资源，确保能够高质量地完成这些任务。例如，对一家研发型企业来说，解决20%的核心技术难题，将直接决定80%的产品性能和市场竞争力。因此，集中优势攻克核心技术难题，应成为领导者的工作重点。

二八法则提醒领导者要善于分配时间，不要平均地将时间分配给各项任务，而是将80%的时间用于处理20%的关键任务，将剩下的20%的时间用于处理其他相对次要的任务。这样的时间分配策略能够确保领导者将有限的精力投入到最能产生价值的工作中。

然而，要准确地识别出20%的关键任务并非易事。领导者需要对业务有深入的了解，对数据进行细致的分析，以及与员工进行充分的沟通。此外，市场环境和企业目标的变化可能导致对关键任务的调整，领导者需要保持敏锐的洞察力，及时做出相应的改变。

二八法则为领导者提供了一种科学、高效的任务安排思路。通过遵循这一法则，领导者能够更好地聚焦关键任务，合理地分配时间和资源，从而保障企业目标的顺利实现。

12.1.3　王健林是如何安排每天的工作的

王健林是一位杰出的企业家，其成就备受瞩目。在他的领导下，万达集团在多个领域均取得了显著成绩。这背后离不开他长期以来的辛勤付出和卓越的时间管理能力。

王健林以高度自律和对时间的精准把控著称。每日清晨，当大多数人还沉浸于梦乡时，他已早早起床。通常，他会在凌晨 4 点开始新的一天，首先进行 1 小时的健身锻炼，以保持健康的体魄和旺盛的精力。之后，他会花费半小时享用早餐，紧接着迅速投入到繁忙的工作之中。除了出差时，他会在早上 7 点准时抵达办公室，这种坚持已长达 20 多年。

王健林的时间安排极其紧凑。根据网络上曝光的日程表，他在一天内飞行了 6000 千米，跨越两个国家、三座城市。在完成晨间锻炼和吃完早餐后，他匆忙赶往机场，从雅加达飞往海南。抵达后，他参加了一场会议，然后参加海南万达项目的签约仪式。中午在稍做休息后，他便坐上飞往北京的航班。在晚上 7 点左右回到办公室后，他继续处理其他事务。

尽管工作繁忙，王健林仍坚持每天跑步 1 小时，以保持体力与精力。他坚信勤奋能弥补不足，在创业初期，面对房地产行业的诸多挑战，他白天正常工作，晚上则全身心地投入学习中。

王健林的时间管理堪称典范，他充分利用每一分每一秒，以实现工作效率最大化。他将 15 分钟设定为自己的时间颗粒度，这意味着他能够更精细地规划和管理时间，确保各项工作得到及时的处理。

王健林的工作方式和态度给我们带来了许多启示。首先，早起和规律的作息有助于提高效率，让我们在一天中拥有更多清醒和专注的时间。其次，合理安排时间，明确各项任务的优先级，能够确保重要任务得到优先处理。最后，坚持锻炼身体是保持精力充沛的关键，这使我们能够应对高强度的工作。

领导者可以从王健林身上汲取管理智慧和经验，学习他的自律、珍惜时间、不断提升自己等优秀品质。同时，领导者也要保持对企业目标的执着追求，勇敢地面对困难，坚持不懈地努力奋斗。

12.2 如何正确又高效地做决策

在复杂多变的商业环境中，领导者如何正确、高效地做决策是一个至关重要的课题。领导者需要重点防范做决策的三个陷阱，并充分考虑影响做决策的各类因素。此外，领导者需要从六个不同的角度进行深入思考，形成一个系统、全面的决策思维框架，从而高效、准确地做决策。

12.2.1 做决策的三个陷阱

根据美国兰德公司的研究，在世界上每 100 家破产倒闭的大企业中，85%的企业的倒闭是由企业领导者的决策失误造成的。这一数据深刻揭示了企业领导者的决策质量与企业命运之间的直接联系。就算一个微小的决策失误，也可能使企业陷入困境，甚至走向破产。因此，企业领导者在做决策的过程中肩负着重大的责任。他们的决策能力和判断力，无疑是企业成功与否的决定性因素。

决策是领导者手中的关键权杖，其质量直接决定着企业的兴衰成败。然而，在做决策的过程中，存在着三个陷阱（见图 12-1），稍有不慎，领导者就有可能陷入其中，给企业带来不利的影响。

① 信息偏差
② 群体思维
③ 短期利益

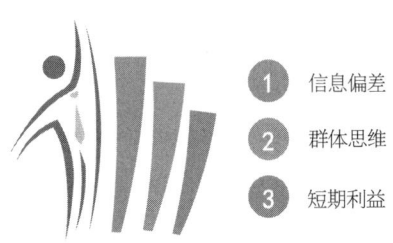

图 12-1 做决策的三个陷阱

1. 信息偏差

信息是决策的基石，其准确性、完整性和时效性对决策的质量至关重要。然而，领导者在做决策的过程中，往往面临着信息不准确、不完整或过时等问题。他们可能过度依赖内部报告或单一信息源，忽视市场动态和外部环境的变化。

例如，一家传统制造企业的领导者在考虑投资新生产线时，仅凭内部销售数据显示的产品需求增长做决策，却未充分考虑行业技术的迅速更新和潜在竞争对手的崛起。结果，在新生产线建成后，市场需求已转向更先进的产品，导致投资无法取得预期的回报。

此外，领导者在面对大量数据时，可能会因先入为主的观念或认知偏差而错误解读数据，从而进一步加剧信息偏差。

2. 群体思维

在企业中，群体思维是一个潜在的做决策的陷阱。当员工过度追求和谐一致，害怕提出异议而引发冲突时，多样性观点被抑制，决策的质量会受到严重的影响。

这种现象在企业会议中尤为常见。例如，一家科技企业召开会议讨论新产品的研发方向，由于高层领导者偏爱某一概念，因此员工纷纷附和，没有人敢于质疑或提出其他创新的想法。最终，产品在被推向市场后，因未能满足用户的真实需求而遭遇销售困境。

3. 短期利益

领导者在做决策时，常需要权衡短期利益与长期发展。短期利益的诱惑可能使领导者做出牺牲未来的选择。

例如，为了在短期内达到财务目标，领导者可能削减研发投入、减少员工培训次数，或采取过度营销的手段。虽然在短期内业绩可能提升，但从长期来看，这些做法将损害企业的创新能力和品牌形象。

总之，领导者在做决策的过程中需要警惕信息偏差、群体思维和短期利益这三个陷阱。通过建立多元信息收集渠道、营造开放的讨论氛围和树立长远发展的目标，领导者能够做出更明智、更科学的决策，引领企业走向成功。

12.2.2 什么会影响领导者的决策

领导者的每一个决策都犹如航行中舵手的操作，决定着企业这艘巨轮的前进方向。影响领导者做决策的因素繁杂，包括内部因素和外部因素。

从内部因素来看，企业文化、组织架构、领导风格和资源状况均对领导者做决策产生深远的影响。健康积极的企业文化能增强企业的凝聚力，提高企业的协作效率，影响领导者的思维方式和理解问题的角度，促使其做出更符合企业长远利益的决策。高效灵活的组织架构能够确保信息快速流通和决策得到高效的执行，而僵化或复杂的组织架构则可能阻碍决策进程。集权或分权的领导风格反映不同的管理理念和偏好，影响决策的质量和执行效果。充足的资源为领导者做决策提供了更多选择，而资源稀缺则可能迫使领导者做出妥协，从而限制了决策的质量。

从外部因素来看，市场环境、政策法规、社会舆论、技术发展和竞争状况均对领导者做决策产生重要的影响。市场环境的快速变化要求领导者敏锐洞察商机并灵活应对，否则可能错失良机。政策法规的变动指明企业的行为边界和合规要求，需要领导者及时调整策略。社会舆论影响公众的认知和态度，影响企业的品牌形象和消费者的选择。技术发展推动企业前行，每一次技术革新都带来新的商业模式和管理方法，要求领导者持续学习和创新。竞争状况要求领导者具备敏锐的洞察力和前瞻性思维，制定具有竞争力的战略和战术。

面对这些内外部因素，领导者需要灵活应对，找到关键点，并进行权衡和取舍。他们需要具备敏锐的洞察力、丰富的经验和专业知识，这样才能做出合适的决策。然而，由于信息的不完全性和未来的不确定性，做出的任何决策都存在风险。因此，做决策的关键在于如何在众多复杂因素中找到最佳平衡点，实现企业的长期发展。

12.2.3 高效决策：从六个角度思考

领导者要想实现高效决策，需要从不同角度进行思考，以确保思考的深度和广度。具体而言，领导者可以从以下六个角度（见图 12-2）进行思考，从更加全面、系统的视角审视问题，从而高效、精准地做出决策。

1 客观和事实
2 直觉和感受
3 谨慎和防御
4 乐观和积极
5 创造和创新
6 组织和控制

图 12-2　高效决策的六个角度

1. 客观和事实

在做决策过程中，领导者应全面、准确地收集和整理信息，注重事实和数据。基于此，领导者可以中立、客观、理性地看待问题，用事实和数据说话，避免主观臆断和产生偏见，确保做出的决策建立在可靠的基础之上。

2. 直觉和感受

在做决策时，领导者应遵循内心的直觉和感受。直觉和感受往往能提供宝贵的线索，为理性的决策增添人性化的因素。例如，一个合作项目的各项数据看起来不错，但领导者在直觉上感觉合作方存在潜在风险，那么在做决策时，这一感觉不应被忽视。

3. 谨慎和防御

领导者应识别并评估潜在的风险，包括技术、市场、法律和财务等方面的风险，预见并积极应对可能出现的困难和问题，确保做出的决策具有稳健性和可持续性。

4．乐观和积极

领导者应积极、乐观地看待问题，挖掘决策带来的好处和机会。这有助于增强领导者做决策的信心，激发员工的工作积极性。例如，在制定新的市场拓展策略时，领导者可以思考可能增加的销售额、市场份额，寻找机会和优势。

5．创造和创新

领导者应突破传统思维，提出新颖、独特、富有创意的解决方案。在面对复杂的问题时，创造和创新能为领导者做决策带来全新的视角和可能性。

6．组织和控制

在做出决策时，领导者应对整个做决策的过程进行规划、组织和协调，确保各个思考角度都被充分考虑到。领导者可以制定决策流程和时间表，明确各个阶段的目标和任务，确保决策顺利进行。

这六个角度在做决策过程中各自发挥着独特而重要的作用，共同构成了全面、系统的决策思维框架。通过灵活运用这六个角度，领导者可以更加全面、深入地分析和解决问题，做出更为精准、有效的决策，提高决策的质量和效率，为企业的发展创造更多机遇和价值。

12.3 开会，一定不能浪费时间

开会是工作中一种必不可少的交流方式，具体的会议形式包括日例会、周例会、月例会、年度会议。高效的会议是企业进行时间管理和团队协作的重要体现，在会议中，领导者应充分利用时间、合理安排时间，避免任何形式的拖延和低效。

12.3.1 日例会：安排一天的工作

日例会即每日例会，是例会的一种，主要用于规划一天的工作安排，让员工了解当前工作项目的最新进展。

领导者应将日例会的时长控制在 15 分钟以内，确保高效且集中地检视、同步工作进度，并制订适合的每日计划，以便员工能更好地完成任务。这种短小而紧凑的会议形式，有助于企业快速调整策略，确保工作的高效推进。

日例会通常分为晨会和夕会两种。晨会主要明确当日必须完成的工作量，为员工设定明确的工作目标，促使他们积极投入工作。一个明确的任务完成计划，不仅能引导员工有序地开展工作，还能将工作压力转化为工作动力，促使员工加速完成任务。

而夕会则在一天工作结束后召开，旨在统计员工当日完成的工作量。在夕会上，领导者除了核实工作量的完成情况，还应认真听取员工的问题反馈，共同商讨解决方案。这种反馈机制有助于领导者及时发现问题、解决问题，确保项目顺利进行。

日例会在企业中扮演着至关重要的角色。它不仅是员工了解项目进展、共享信息的重要渠道，还是解决问题、优化任务分配、灵活应对变化的关键环节。通过参加日例会，员工能够更好地协同工作、提升工作效率，最终实现项目的目标。

12.3.2 周例会：分配小组任务

周例会是管理员工的一种有效方法，它具备总结计划、过程监控等多重功能，对领导者顺利开展管理工作具有不可或缺的重要性。周例会为员工提供了沟通交流的平台。在周例会上，领导者可以分配任务、了解工作进展和员工面临的困难，以便及时为员工提供支持和帮助。

周例会最好在每周工作日开始或结束的当天召开。在一周的起始日召开周例会，可以调动员工的工作积极性，帮助员工调整好这一周的工作状态。同时，领导者可以总结上一周的工作情况，布置这一周需要完成的工作，让员工有明确的工作方向和目标。如果在一周工作日结束的那天召开周例会，领导者可以对这一周的工作情况进行总结，并提前规划下一周的工作任务。

在周例会上，要点总结是一个重要的环节，旨在清晰地梳理员工本周的工作完成情况。需要注意的是，在进行要点总结时，领导者最好采用数据化的表达方式，即使用数据来展现相关工作情况。这种表达方式既能清晰地展示工作成果，又能体现领导者的工作能力。为了更有效地展示数据，采用表格的方式会比纯文本方式更好，因为表格更有利于数据的读取与计算。要点总结表范例如表 12-1 所示。

表 12-1 要点总结表范例

部门： 组： 姓名： 职位： 日期：	
本周工作总结 1. 只写目标完成的结果，不写具体过程。 2. 用数据说话，一定要写出完成的百分比和绝对数值。例如，上周完成××项目，完成计划的 80%。 3. 无论结果是成功还是失败，都需要总结，不要避重就轻。 4. 写出重要的日常工作	目标完成情况：
^	目标达成与否的原因分析：
^	工作表现自评：
下周工作计划	主要工作任务：

在周例会结束后，领导者的工作并没有结束。他们需要对员工的任务执行情况进行持续的跟踪和监督，及时提供必要的支持和指导。对于员工反馈的问题，领导者要积极协调资源，帮助解决。

通过精心组织、召开周例会，领导者可以实现对工作任务的科学分配和有效管理，从而激发员工的工作积极性和创造力，提高整体工作效率，推动企业不断朝着目标前进。

12.3.3　月例会：周业绩环比分析

月例会是领导者和员工进行沟通的重要载体，旨在总结过去一个月的工作成果、规划未来的发展方向，以及解决存在的问题。进行周业绩环比分析是月例会中的一项重要内容，对领导者深入了解业务动态、评估企业绩效及制定有针对性的策略具有重要意义。

在月例会开始前，领导者需要精心准备。具体来说，领导者需要收集并整理四周以来详细的业绩数据，包括销售额、订单量、客户满意度等各项关键指标。同时，领导者还应了解市场动态、竞争对手的表现及内部运营等相关情况，为全面、客观地分析奠定基础。图 12-3 所示为一张员工每周的销售额情况图。

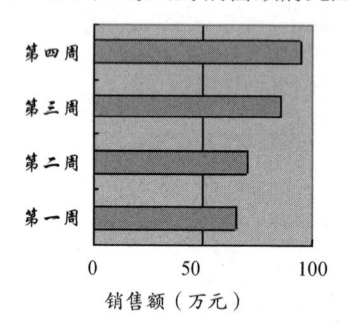

图 12-3　员工每周的销售额情况图

员工每周的销售额情况图只是一个简单的范例，根据实际情况，企业可以制作员工每周的业绩图。例如，企业可以根据所有员工的每周业绩情况制作一个总体的统计图，也可以根据每一位员工的每周业绩情况为其制作一个具体的统计图。

图表的类型丰富多样，包括条形图、饼图、折线图等，每种图表都能反映企业当月不同的数据情况。企业可以根据所需的分析结果选择合适的图表类型。

制作员工每周业绩图的目的在于通过图表数据，对员工当月业绩的完成情况进行全面分析，从而获取对员工工作表现的反馈。如果图表数据显示业绩未达标，则表明员工当月业绩完成情况不佳，需要调整工作状态；如果图表数据显示员工业绩达标或超额完成，则说明员工当月工作状态良好，应该继续保持。

通过进行周业绩环比分析，领导者能够明确企业的优势和不足之处，从而为下个月制定出更具针对性的工作计划和策略。对于优势方面，应予以巩固和强化；对于不足之处，需要提出切实可行的改进措施。

在月例会的总结阶段，领导者会明确提出下个月的工作目标，并将任务合理分配给各个团队及员工。同时，领导者会建立有效的跟踪和评估机制，确保各项任务能够得到顺利执行，业绩能够持续提升。

通过召开月例会并进行周业绩环比分析，领导者能够精准地把握员工的工作状态和企业面临的市场动态，及时调整策略，激发员工的潜力，推动企业稳步向前发展。

12.3.4　年度会议：展望来年大趋势

年度会议为领导者提供了一个集思广益、智慧碰撞的平台。来自不同部门、拥有不同视角和经验的员工齐聚一堂，共同探讨行业动态及其未来走向。这种多元的思想碰撞，能够激发领导者对来年大趋势进行深刻的洞察。

在年度会议的准备阶段，领导者会投入大量时间和精力，收集各类数据和信息，包括市场报告、行业趋势分析、竞争对手动态等。他们会对这些数据和信息进行细致的研究和分析，结合自身的经验进行判断，形成对未来市场发展的清晰预测。这种具有前瞻性的视角不仅体现了领导者的专业素养和战略眼光，还为企业未来的发展指明了方向。

领导者会充分利用年度会议这一平台，向员工详细解读他们对来年大趋势的判断和预测。他们会深入剖析这些趋势可能对企业产生的各种影响，包括潜在的风险和机遇。同时，领导者还会与员工共同探讨如何制定有针对性的战略和应对措施，以确保企业在不断变化的市场环境中保持领先地位。

此外，年度会议还是一个重要的学习和交流的平台。领导者会在年度会议上分享自己在过去一年中的工作经验和教训，以及对行业趋势和市场动态的理解。这些宝贵的经验和见解不仅能够提升员工的专业素养和能力水平，还能够增进彼此之间的了解和信任，提升企业的凝聚力和向心力。

2024年3月22日，饿了么成功举办了盛大的年度会议——百人团会议。对于饿了么的管理团队而言，这是一次至关重要的例行年度大典。在这个特殊的时刻，企业的核心领导者齐聚一堂，共同研讨并制定了企业下一年度的发展策略和成长蓝图。

此次会议意义非凡，因为它的举办正值饿了么资深领导者俞永福即将卸任之际。在这个重要时刻，新任董事长吴泽明和CEO韩鎏分别发表了讲话。他们的发言充满激情，同时也寄托了对饿了么未来的无限期待。

俞永福在讲话中强调，随着新管理团队的全面接手，饿了么将进入一个新的发展周期。这个新发展周期将成为饿了么发展的新起点，也将是饿了么发展史上的一个重要里程碑。他还提到，饿了么有望在接下来的三年中实现独立上市的宏伟目标。这一目标不仅是新管理团队的期望，也是饿了么全体员工和广大用户的共同期待。这个目标的实现，将标志着饿了么在服务用户、服务社会的道路上又迈出了坚实的一步。

通过召开年度会议，领导者不仅为企业制定了明确的发展目标和战略规划，还激发了员工的工作积极性和创造力。大家齐心协力，共同为企业未来的发展贡献力量。这种具有前瞻性的规划和布局，无疑为饿了么的持续发展和壮大奠定了坚实的基础。

第 13 章
信息共享：掌握太多秘密并不高明

在管理实践中，信息的透明和流通对构建和谐团队、提升工作效率及促进企业内部的互信至关重要。领导者应当认识到，信息的开放和共享有助于增强员工之间的合作与协调，从而促进企业目标的实现。

13.1 "信息孤岛"：员工不应该是局外人

"信息孤岛"是指在企业内部，由于员工之间信息不共享、沟通不畅，导致某些员工对企业的决策、项目进展、资源分配等重要信息一无所知或者了解甚少。这使得他们在工作中感到迷茫、被动，甚至被边缘化。"信息孤岛"不仅会影响员工的工作效率和满意度，还会对企业的整体运营和发展产生负面影响。

13.1.1 领导者自负，阻碍信息流通

在复杂的企业生态中，领导者所扮演的角色至关重要。然而，如果领导者过于自信，就可能会忽视员工的意见和建议，倾向于听取那些符合自己观点的意见和建议。这样会创建一个不利于沟通交流的工作环境，从而阻碍信息的自由流动。

自负的领导者往往倾向于垄断信息渠道，将关键信息掌握在自己手中，并将其视为权力的象征，拒绝与员工分享。这会导致员工在工作中缺乏必要的信息支持，如同在黑暗中摸索，进而降低决策的准确性和效率。

此外，自负的领导者对他人提出的观点和建议的包容性不足。即使是新的、有价值的信息，也会因为不符合他们既有的认知而被否定。这种封闭的态度不仅阻碍了信息的更新和补充，也抑制了企业创新活力的产生。同时，由于领导者未能充分听取不同的意见，在做决策过程中可能遗漏重要信息，导致决策失误。

自负的领导者往往难以认识到自身的局限性，沉浸于自我营造的优越感中，忽视外部环境的变化和潜在风险。信息流通受阻，会使整个企业无法及时应对挑战，陷入僵化和迟钝的状态。

为了改变这一状况，领导者应有自我觉醒的勇气。他们应认识到自己并非全知全能，放下自负的心态，以开放的心态接纳不同的信息。同时，领导者需要建立透明、平等的信息共享机制，鼓励员工积极进行反馈。

此外，企业内部也需要培育一种鼓励开放交流的文化。员工应相互尊重，敢于表达自己的想法和意见，无须担心被批评或打压。领导者应成为员工的榜样，通过言行鼓励员工之间进行交流和合作。例如，领导者可以在会议上鼓励大家积极发言，或者定期组织团队建设活动来增强企业的凝聚力。

领导者需要克服自负的心态，真正重视信息的价值和流通，这样企业才能焕发新的活力，在竞争激烈的市场中稳步前行。信息畅通无阻是企业发展的生命线，而领导者的态度和行为则是确保这条生命线正常的关键。

13.1.2 控制管理模式在企业中的瓶颈

控制管理模式是一种传统的、层级分明的管理模式。在这种管理模式下，领导者掌握着绝大部分的决策权，通过详细的规章制度、流程和监督机制对企业的运营进行严格管控。员工负责执行决策，并在执行过程中向领导者汇报情况。

在企业发展的历史长河中，控制管理模式曾在相当长的一段时间内扮演着重要的角色。作为一种管理模式，控制管理模式的应用非常广泛。它通过对企业的各项活动进行细致的规划、组织和控制，达到提高效率、降低成本、提高管理水平的目的。

控制管理模式在企业中的应用离不开高素质的管理团队。控制管理模式的有效实施，需要管理团队具备先进的管理理念、专业知识和技术能力。然而，在现实中，许多企业的管理团队在素质上参差不齐，这无疑给控制管理模式的应用带来了挑战。

有些领导者认为，只要实施控制管理模式，就能立竿见影地提高企业的管理水平。实际上，控制管理模式的应用是一个系统工程，需要企业从战略层面到执行层面进行全面改革。如果领导者对控制管理模式的认识存在误区，就会导致控制管理模式在企业中的应用效果大打折扣。

面对这些瓶颈，企业的领导者不能坐以待毙，而应积极寻求破除控制管理模式应用瓶颈的方法，如图 13-1 所示。

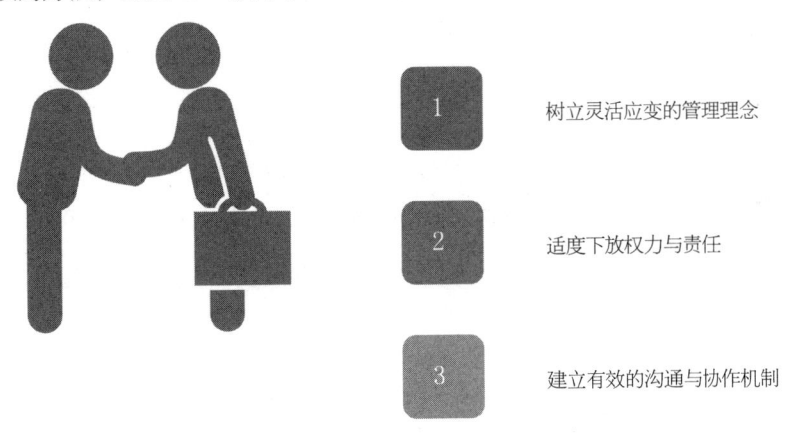

图 13-1　破除控制管理模式应用瓶颈的方法

1. 树立灵活应变的管理理念

- 1　树立灵活应变的管理理念
- 2　适度下放权力与责任
- 3　建立有效的沟通与协作机制

1. 树立灵活应变的管理理念

领导者应深刻认识到市场的动态性和不确定性，采取能够实现灵活做决策和快速响应的管理模式。例如，一家传统制造企业严格按照年度计划进行生产和销售，但在市场需求突变时，无法及时调整。为了解决这一问题，领导者树立了灵活应变的管理理念，构建了实时响应机制，根据市场数据的变化调整生产计划和营销策略，成功提升了产品的市场占有率。

2. 适度下放权力与责任

要想打破控制管理模式下高度集中的权力结构，领导者需要赋予基层员工更多的自主权，让他们能够在一定范围内自主做决策，更好地应对本地市场和客户的特殊需求。例如，某跨国连锁餐饮企业曾将所有的新品研发和推广决策权集中在总部，导致很多产品在一些地区"水土不服"。后来，该企业将权力下放给区域团队，根据当地的口味和文化开发特色菜品，业绩取得了显著的增长。

3. 建立有效的沟通与协作机制

为了消除部门间的信息壁垒，领导者应推动跨部门的沟通与协作。领导者可以通过定期召开跨部门会议、建立共享信息平台等方式，确保信息在部门间自由流通，从而提升员工的工作效率。例如，某科技公司的研发部门、生产部门和销售部门各自为政，导致产品与市场需求脱节。在建立有效的沟通与协作机制后，该科技公司能够及时整合各方的意见，推出更符合市场需求的产品。

总之，控制管理模式在企业中的瓶颈日益凸显，领导者应对其有清醒的认识，并果断采取行动。突破控制管理模式在企业中的瓶颈，需要领导者的决心和全体员工的共同努力。通过改革和创新，企业能够逐步摆脱控制管理模式的束缚，建立起更加灵活、高效、创新的管理模式。

13.1.3 从控制管理模式到情景管理模式

情景管理模式是一种更加灵活、开放的管理模式。在这种管理模式下，企业的决策权相对分散，更多的员工能够参与到决策中。情景管理模式的核心理念在于构建一个全面且丰富的决策信息集合，从而促使更多员工基于这些信息自主地进行判断和决策，而非过度依赖传统的指令与控制机制。

具体而言，情景管理模式涵盖的是领导者在做决策过程中所需要的全方位信息，包括但不限于相关原理、当前市场环境分析、行业格局变动、目标达成程度评估，以及对业务数据和财务数据的详细解读等。对这些信息的整合与呈现，为企业内部的决策提供了坚实的支持，使得做决策的过程更加科学、合理和高效。

从控制管理模式到情景管理模式的转变，标志着企业从刚性管理到柔性管理的演进。控制管理模式强调权威和标准化流程，以确保任务得到执行，并提高工作质量和工作效率。然而，随着时代的变迁，这种管理模式的局限性逐渐显现。例如，它往往忽视员工的主动性和创造力，也难以应对市场环境的快速变化。

情景管理模式更注重为员工提供清晰的背景信息和目标框架。它强调员工在理解整体战略和目标的基础上，自主地做出决策和采取行动。这种管理模式赋予员工更大的自主权，能够激发他们的创新精神和责任感。通过透明的信息共享机制，员工可以了解企业的战略方向、业务目标，以及各种资源的状况，从而根据实际情况做出灵活、有效的决策。

企业实现从控制管理模式到情景管理模式的转变并不是一蹴而就的事，需要采取一系列的策略和措施。首先，领导者需要从指挥者转变为引导者和支持者，他们要学会信任员工、下放权力，并为员工提供必要的指导和资源。其次，企业需要建立开放的沟通文化，促进信息在组织内的自由流通。最后，企业要加强员工培训，提升他们的能力和素养，使他们能够在新的管理模式下胜任工作。

字节跳动公司的创始人张一鸣是一位具有远见卓识的企业家，他提出了一种别具一格的管理理念——"实施情景管理，而不是控制管理"。这一理念的核心在于，强调"情景"在企业管理过程中的重要性，企业不能过度依赖控制手段。具体来说，就是企业向员工提供全面、详尽的信息，让他们能够依据这些信息自主做出决策，而不是通过烦琐的审批流程和程序来约束员工的行为。

张一鸣认为，在情景管理模式下，员工可以更好地发挥自己的潜力。例如，在产品开发阶段，员工可以基于用户需求和市场动态，自主决定产品的功能，而不需要经过冗长的审批流程去确定产品的功能。这种做法不仅可以提高工作效率，还可以激发员工的创新思维和工作积极性。

此外，字节跳动公司还致力于打造一个内部透明的信息共享平台。通过这个平台，员工可以轻松获取到公司的各类信息，包括业务数据、战略规划等。这样有助于员工更深入地理解公司的目标和方向，从而做出更加符合公司利益的决策。

从控制管理模式到情景管理模式的转变是一个复杂但必要的过程。它要求企业从多个方面进行改革和创新，以适应快速变化的市场环境。

13.2 信息共享的三大模式

信息共享的三大模式包括点对点模式、信息集中管理模式和综合共享信息模式。这三种模式各具特色，每种模式都有其适用的场景和优缺点。在实际应用中，领导者需要根据企业具体的需求和条件来选择合适的信息共享模式，以实现高效、准确和安全的信息共享。

13.2.1 点对点模式

点对点模式，顾名思义，是指在信息的发送者和接收者之间直接建立连接，实现信息的即时传输。这种模式不依赖于任何中间节点或服务器，因此极大地降低了信息传输的延迟，提高了传输效率。通俗地说，点对点模式类似于两个人之间的直接对话，无须通过第三方进行传达。

点对点模式是一种基础的信息共享模式，其特点如图 13-2 所示。

图 13-2 点对点模式的特点

1. 直接、高效

点对点模式的核心优势在于信息传输的直接性。信息从一个明确的发送者直接被传输给一个特定的接收者，没有受到中间环节的干扰。这种直接的路径使得信息能够以最快的速度被传输给接收者，极大地提高了信息共享的效率。例如，项目负责人可以直接与执行人员进行沟通，明确项目目标和要求，快速推进项目，避免信息在层层传输中丢失或失真。

2. 针对性强

由于信息是在特定的发送者和接收者之间被传输的，因此具有很强的针对性。发送者可以根据接收者的具体需求和实际情况，定制化地提供信息。这意味着接收者能够获得精准、有用的信息，避免了信息的冗余和混乱。例如，销售经理可以针对不同客户的特点，将销售任务直接分配给具有相应客户资源和销售技巧的销售人员，实现精准营销和高效成交。

3. 保障隐私性

信息只在发送者和接收者之间流动，降低了信息被广泛传播的风险，从而在一定程度上保障了信息的隐私性。对于一些敏感的商业机密或个人隐私信息，点对点模式能够更好地满足其保密需求。例如，企业内部高层领导者之间关于重要战略决策的点对点讨论，能够防止敏感信息泄露。

然而，点对点模式并非完美无缺，存在一些局限性。首先，扩展性较差。当企业需要与多个对象进行信息共享时，根据点对点模式需要建立多个独立的连接，这会增加管理和维护的复杂性。其次，信息的一致性难以保证。不同的点对点连接可能导致信息出现差异和冲突。

在实际应用中，点对点模式在许多场景中起着重要的作用。例如，在金融领域，私人银行服务为高端客户提供个性化的投资建议；在科研合作中，专家之间针对特定课题进行深入交流。

点对点模式在信息共享方面具有不可替代的地位，尽管其存在一定的局限性，但只要被应用在合适的场景中，并辅以有效的措施应对挑战，它就能为信息的高效传输和精准共享提供有力的支持。

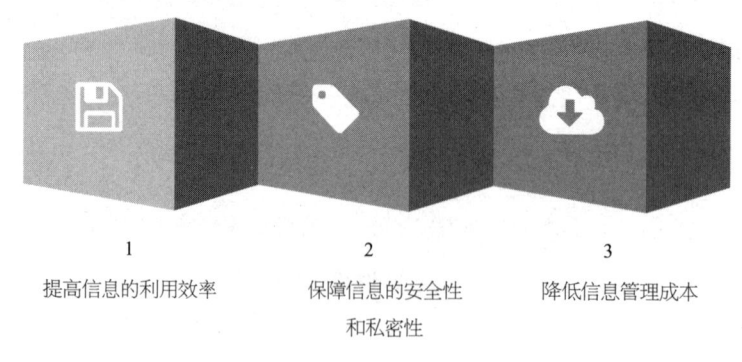

13.2.2 信息集中管理模式

信息集中管理模式是指将分散在各个部门、系统和平台的信息进行整合和统一管理。这意味着将打破"信息孤岛"，建立一个集中的信息存储和处理中心，实现对信息的标准化、规范化和一体化管理。

古往今来，诸多实例都证明了信息集中管理模式的重要性和优越性。例如，秦始皇在统一六国后，实行"书同文，车同轨"，统一度量衡，对文字、交通和经济等方面的信息进行集中规范和管理，从而巩固了大一统的局面，促进了社会的繁荣发展。在现代社会，阿里巴巴凭借其强大的信息集中管理系统，整合了海量的商品信息、交易数据和用户评价，为消费者提供便捷的购物体验，也为商家提供精准的市场分析，造就了辉煌的商业帝国。

信息集中管理模式的优势如图 13-3 所示。

1	2	3
提高信息的利用效率	保障信息的安全性和私密性	降低信息管理成本

图 13-3　信息集中管理模式的优势

1. 提高信息的利用效率

信息集中管理模式使得信息能够更快速地被获取和共享，降低了信息搜索和信息传输的时间成本。员工可以在一个平台上轻松地找到所需要的信息，从而更快地做出决策并采取行动。例如，在一个跨国公司中，各地的分支机构可以实时访问总部的信息库，了解最新的市场动态、产品研发进展和财务数据，以便更好地协同工作。

2．保障信息的安全性和私密性

集中访问控制、数据加密等手段，可以有效地保护敏感信息不被未经授权的人员访问，从而保障信息的安全性和私密性。

3．降低信息管理成本

信息集中管理模式降低了因使用多个分散系统而产生的硬件、软件的维护成本。同时，采用统一的信息管理架构也便于进行系统升级和优化。

综上所述，信息集中管理模式具有诸多优势，为企业带来了显著的价值和效益。这种管理模式已经成为现代企业管理中的重要工具之一。

13.2.3　综合共享信息模式

综合共享信息模式是指对不同信息共享区域采用不同的信息共享模式，以一个主要的信息平台为核心，既可以实现点对点共享，也可以实现信息集中管理。综合共享信息模式致力于对企业内部和外部的各种信息，如财务数据、市场趋势、客户反馈、竞争对手的动态、行业研究报告等，进行有效整合、深入分析和广泛应用。

在竞争激烈的商业环境中，领导者要想使企业保持竞争优势，就要对信息进行全方位管理。以苹果公司为例，其管理层不仅深入了解了消费者对电子产品功能的需求，还敏锐地捕捉到技术发展的前沿动态，将创新理念融入产品设计之中。同时，他们密切关注竞争对手的动态，取其精华，去其糟粕，从而不断推出引领潮流的产品，如iPhone 系列，从而在全球手机市场中占据领先地位。

综合共享信息模式对企业的发展具有重要意义。其一，综合共享信息模式能为企业的领导者提供精准的决策依据。根据全面、准确的信息，领导者能够洞察市场的细微变化，预测未来的发展趋势，从而做出具有前瞻性和战略性的决策。

其二，综合共享信息模式有助于提升企业的创新能力。各类信息相互交融、碰撞，能够激发员工的创新思维，使其提出独特的创新理念。腾讯公司正是凭借对用户需求、技术发展及市场竞争等多维度信息的综合分析，不断推出微信、王者荣耀等创新产品和服务，才能始终保持在互联网行业中的领先地位。

其三，综合共享信息模式能够优化企业的资源配置。通过对信息的深度挖掘，企业的领导者能够清晰地了解各个部门、各个环节的运行状况，从而将有限的资源精准地投放到最需要的地方，实现资源的最大化利用。

综合共享信息模式强调信息的全面性和多样性、整合和提炼及其实际应用和反馈，可以帮助企业更好地适应市场的变化，把握商业机会，提升竞争力，从而实现可持续发展。

13.3 如何成为信息共享型领导者

在数字化时代，信息是使企业获得发展的关键资源。要想成为信息共享型领导者，领导者需要制定合理的信息共享制度，多渠道收集外部信息，建设信息基础平台，以提升信息共享和做出决策的效率。

13.3.1 制定合理的信息共享制度

信息共享，犹如一座桥梁，连接着员工的智慧与经验，使个体的力量汇聚成强大的合力。然而，如果没有合理的信息共享制度加以规范，这座桥梁可能会摇摇欲坠，甚至倒塌。合理的信息共享制度，是确保信息流通顺畅、得到高效利用的基石。

陈春花在《价值共生》一书中明确指出，"要实现从分工到协同的转变，信息共享是基础，这种转变反过来也强化了共生协同的价值"。这句话深入揭示了信息共享是实现从分工到协同的基础，表明了信息共享的重要性。

一套严格且清晰的信息共享制度，能够确保研发、市场、销售等部门之间迅速而高效地交流，进而及时获取并利用所需信息，推出引领行业的创新产品。

权限管理是信息共享制度的核心要素之一。领导者应当根据员工的职位和职责，明确其获取信息的权限：对于涉及企业核心机密的信息，只有高层管理人员和特定关键岗位人员有权访问；而对于一般性的业务信息，则可以在更大范围内共享。例如，某金融机构对客户的信用评级和风险评估等敏感信息进行严格的权限管理，以防信息泄露。

信息分类与标注是确保信息共享制度清晰且可行的关键步骤。领导者应将信息按照重要性、敏感性和时效性等维度分类，并明确标注其属性。这有助于员工快速判断信息的价值和适用范围。以制造企业为例，生产工艺改进的信息应被标注重要且需要立即执行的属性。

信息共享制度中应包含激励机制。领导者应鼓励员工积极参与信息共享，对于主动提供有价值信息、促进团队协作的员工，应给予表彰和奖励。例如，某咨询公司设立"信息贡献奖"，每月评选并奖励那些为项目团队提供关键信息、推动项目前进的员工。

同时，监督与评估机制不可或缺。领导者需要定期检查信息共享制度的执行情况，评估其效果，并根据实际情况对其进行调整和优化。例如，某电商企业的领导者通过数据分析发现一些部门存在信息共享不及时的问题，于是对信息共享制度进行了有针对性的改进。

此外，信息安全保障是信息共享制度的重要基石。领导者在推动信息流通的同时，还应采取严格的安全措施，如数据加密、访问控制、网络防护等，以确保企业的知识产权和商业机密得到有效的保护。

合理的信息共享制度是企业实现高效管理、创新发展的重要支撑。企业的领导者应当充分认识到信息共享的重要性，结合企业的实际情况，制定科学、合理、可行的信息共享制度，并加强对该制度的实施与监督，确保该制度得到有效执行。

13.3.2 多渠道收集外部信息

外部信息能够反映出市场的动态、竞争对手的策略和行业的趋势。如果领导者能够有效地收集和利用外部信息，就能做出明智的决策，为企业指引正确的发展方向。

社交媒体平台是收集外部信息的重要渠道之一。如今，各种社交媒体平台汇聚了海量的用户观点、行业讨论和市场动态。领导者可以通过关注相关的话题标签、行业专家和意见领袖，及时获取最新的信息。例如，领英上的专业群组经常会进行关于行业发展的深入讨论，领导者参与其中可以了解到同行的最新实践和自己面临的挑战。

行业报告与研究机构的研究成果也是不可或缺的信息来源。行业报告与研究机构的研究成果往往深入剖析市场规模、增长率及用户的行为。领导者定期研读权威的行业报告，能从宏观角度把握行业的整体走向。例如，市场调研公司发布的关于新兴技术应用趋势的报告，可助力领导者提前布局企业的技术研发和产品创新。

行业会议和研讨会为领导者提供了与同行面对面交流的机会。在这些活动中，领导者能直接倾听同行的经验总结，了解最新技术，甚至与潜在合作伙伴建立联系。通过这种直接的互动所获取的信息往往更具价值且富有启发性。

领导者与客户和供应商的密切沟通同样至关重要。客户的反馈能够反映产品或服务的优势与不足，而供应商则对原材料市场和供应链的变化有着敏锐的感知。与他们保持良好沟通，领导者能够及时调整企业发展战略，以适应市场需求和供应的变化。

此外，分析竞争对手的情况也是必不可少的。通过分析竞争对手的产品发布情况、营销策略、财务报告等，领导者可以洞察其发展战略，从而采取更有针对性的措施。

多渠道收集外部信息并非简单地获取信息，而是要对这些信息进行整合、分析和提炼，将有价值的信息在企业内共享。只有这样，才能真正发挥信息的作用，领导者才能引领企业在复杂多变的市场环境中抢占先机，实现可持续发展。

13.3.3 建设信息基础平台

信息基础平台是实现信息流通与共享的物质载体，能够凝聚员工的智慧、激发创新活力。同时，它能够整合企业内部的各类信息资源，实现信息的集中管理，为企业的决策制定、业务运营和战略规划提供有力的支持。

信息基础平台为信息共享构筑了高效、便捷的通道。在过去，信息传输往往因各种限制而显得缓慢且曲折，甚至可能出现偏差和延误。如今，信息基础平台彻底打破了这些限制，使得信息能够在短时间内被传输给指定的接收者。以腾讯公司为例，其内部的信息基础平台不仅实现了员工间的实时沟通，还促进了项目进展情况、业务数据等关键信息的即时共享，显著提升了员工的协作效率，为公司在互联网领域的迅猛崛起奠定了坚实的基础。

同时，信息基础平台能够实现信息存储与分析。将海量的信息汇聚在信息基础平台中，对其进行整理和分析，能为领导者提供精准的决策依据。通过深入挖掘信息基础平台中的信息，领导者能够准确地掌握市场动态、客户需求及竞争对手的策略，从而制定出具有前瞻性和针对性的发展战略。亚马逊公司凭借其先进的数据基础平台，准确预测消费者的购买行为，从而优化商品推荐和库存管理，保持在电商领域中的领先地位。

信息基础平台能够促进企业创新能力的提升。在信息共享和协同的环境下，不同部门的员工能够更加便捷地交流与合作，碰撞出创新的火花。同时，信息基础平台所提供的大数据分析和人工智能技术，也能够为企业的产品研发、业务模式创新等提供新的思路和方向。例如，某金融科技企业利用信息基础平台的数据分析能力，开发出基于人工智能的风险评估模型和智能投资顾问系统，开创了全新的金融服务模式，提升了核心竞争力。

信息基础平台还有助于企业营造开放、包容、创新的工作氛围。在这个平台上，员工可以自由地分享自己的见解和想法，通过思想碰撞和交流产生新的创意和灵感。这不仅能够激发员工的创新活力，还能够推动企业在激烈的市场竞争中保持领先地位。

总之，信息基础平台对企业的长远发展具有重要意义，能够推动企业不断向前发展。

第 14 章
数据赋能：卓越领导者应该会用数据

数据赋能强调领导者通过数据分析来做出决策，优化资源配置，提升企业的效能。卓越领导者应该会用数据，能够认识到数据的价值，善于从数据中洞察先机，发现潜在的问题并找到解决方案。他们应该懂得如何运用数据驱动业务发展，提升企业的竞争力。在他们的领导下，员工能够更加理解企业的目标，在执行力上得到提升，不断创造卓越的业绩。

14.1 常用数据分析方法

在数据分析方面，存在多种经过广泛验证且行之有效的数据分析方法。这些方法能够从不同维度深入剖析数据，提取出有价值的信息。其中，对比分析法、分组分析法、平均分析法、综合评价分析法等都是常用的数据分析方法。这些方法各具特色，但不是孤立存在的，而是可以相互补充、结合使用的，以实现对数据的全面、深入挖掘。

14.1.1 对比分析法

对比分析法是进行数据分析的一种方法，分为纵向对比法和横向对比法。在企业中，纵向对比法是指对同一对象或群体在不同时间点或不同时间段内的数据进行比较和分析，如将当前销售业绩与去年同期的销售业绩对比。横向对比法是指在同一时间点或同一时间段内，对不同对象或不同群体之间的数据进行比较和分析，如对不同部门、不同员工的销售业绩进行对比。下面以横向对比法为例进行论述。

在销售行业中，企业对员工的销售业绩做横向对比，通俗来讲就是看第一名与最后一名之间的业绩差距是多少。产品销售量对销售型企业来说是极为重要的。图 14-1 所示为某企业员工的产品销售量的横向对比示意图。

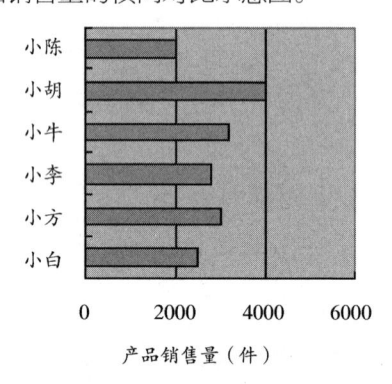

图 14-1　某企业员工的产品销售量的横向对比示意图

从图 14-1 中我们可以很明显地看到，在该企业中，员工小胡的产品销售量最高，员工小陈的产品销售量最低。那么，依照产品销售量对员工进行排名，小胡是第一名，小陈是最后一名，最后一名与第一名在产品销售量上相差 2000 件。

既然图 14-1 所示的产品销售量横向对比结果已经非常明确地表现出第一名与最后一名的差距，那么我们就可以针对这一结果做进一步的分析。例如，为什么小胡可以达到如此高的产品销售量，他是怎么做的？为什么小陈的产品销售量不尽如人意？小陈存在着哪些需要注意的销售问题？小陈如何向小胡学习来提升自己的销售技巧，进而提升产品销售量？

解决这些问题，正是应用对比分析法的最终目的。

只有对比才能体现出差距。只有把员工实际完成的工作业绩转换成具体、精准的数据，并且把这些数据进行对比，才能让员工感到一定的压力与紧迫感，促使他们向优秀员工看齐，从而调整好自己的状态，找对工作的方法与技巧，为达成下一阶段的业绩目标做出改进与努力。

14.1.2 分组分析法

分组分析法旨在满足统计分析的特定需求，通过一个或多个指标，将所研究的总体细致划分为若干部分，进而进行有序的分组整理。这不仅有助于领导者细致地观察各组的特性，还有助于领导者深入分析它们之间的内在联系与潜在的规律性，从而获得更为丰富的信息。

在分组过程中，要保证组与组之间的差距尽可能地大，而同一组内部成员间的差距尽可能地小。这么做是为了让组与组之间能更容易、更直观地反映出问题，让分组分析法发挥出其应有的作用，否则分组分析法就失去了意义。

分组分析法在企业管理中具有重要作用。它有助于领导者全面地了解企业内部各种数据的分布情况。例如，将企业的员工按照部门、职位级别、工作年限、绩效表现等因素进行分组，可以直观地体现不同组别的人员构成、薪酬分布及绩效水平等情况，从而帮助领导者全面把握企业的人力资源现状。

在市场分析方面，按照年龄、性别、地域、消费习惯、购买能力等因素将目标客户分组，企业能够了解目标客户的特征和需求，从而制定出更具针对性的市场营销策略。例如，某服装企业通过对客户的分组分析，发现年轻女性群体对时尚潮流款式的服装需求较大且购买频率较高，于是有针对性地加大了这一细分市场的产品研发和推广力度，实现了显著的销售业绩增长。

在生产管理中，分组分析法同样发挥着重要作用。企业可以将生产过程中的产品按照型号、批次、生产工艺、原材料来源等进行分组，对各组产品的质量、产量、成本等方面的指标进行对比分析，从而发现生产过程中的问题和优化的空间。

在分组完成后，领导者需要仔细研究组内各个团队的实际情况。在对大量数据进行分析后，如果领导者认为某几个团队一起工作能带来更高的效率，就可以将这些团队合并，解决人员冗余和工作效率低的问题。

合并团队并非单纯地将两个团队或多个团队组合到一起，而是有选择性地将两个或多个团队中的优秀员工聚集起来，组成一个大团队，以提高员工的工作效率，实现团队利益最大化。

14.1.3 平均分析法

平均分析法是一种运用平均指标来深入剖析社会经济现象的数据分析方法，在企业中得到了广泛应用。平均指标也被称为平均数，是反映社会经济现象在特定的时间、地点和条件下的某一数量特征的一般水平。

在管理过程中，领导者需要对各种平均指标进行对比，如职工的平均年龄、平均学历水平、平均工资等，以及生产所用的原材料平均消耗、单位产品平均成本及平均劳动生产率等。需要注意的是，领导者在进行不同团队之间的比较时，必须使用平均指标，因为平均指标不受团队总体规模的限制。

在对员工进行考核的过程中，如果需要分析员工各方面的工作情况并对员工做出公正的评价，那么领导者就可以采用平均分析法，明确每一位员工的工作业绩与员工总体业绩平均值的对比情况，据此对员工进行奖励或处罚。

在采用平均分析法时，领导者需要注意以下两点。

（1）领导者需要把总平均数和组平均数结合起来分析。这有利于领导者正确认识总体结构对平均水平的影响。

（2）领导者需要把平均指标与变异指标结合起来分析。这有利于领导者更全面地认识和评价总体水平。因为平均指标能体现总体的一般水平，反映集中趋势；变异指标能体现总体内各部分的差异程度，反映离散趋势。

通过合理运用平均分析法，领导者可以更高效地进行数据分析，透过数据看到本质，从而更有针对性地进行管理优化和领导力升级。

14.1.4 综合评价分析法

综合评价分析法不是单一地关注某个数据点或指标，而是将多个相关的因素和指标综合考虑在内。通过运用这种方法，领导者可以更全面、更系统地对研究对象进行分析和评估。

综合评价分析法能够整合各种不同性质、不同维度的数据。无论是定量的数据，如数值型指标，还是定性的数据，如分类信息等，都可以被纳入综合评价体系中。这样领导者就能够从多个角度去审视和理解事物，避免分析的片面性和局限性。

在实际应用中，领导者需要建立合理的评价指标体系，这是确保数据分析准确和有效的基础。领导者需要根据具体的研究目的和问题，精心挑选和确定相关的指标，并赋予它们适当的权重。权重的确定需要经过严谨的思考和分析，以反映各个指标在整体评价中的重要程度。

然后，领导者可以运用合适的数学模型或方法（如加权平均法、层次分析法等）对数据进行处理和计算。通过运用这些方法，领导者可以将多维度的数据转化为一个综合的评价结果，从而为做决策提供有力的依据。

综合评价分析法在数据分析领域具有独特的价值，为领导者提供了一种深入、全面地分析数据的有力工具。借助综合评价分析法，领导者可以更好地理解复杂的现象和问题，为做决策提供科学的依据。

14.2 制定数据制度

在企业持续壮大的过程中，构建一套完善的数据制度至关重要。在这方面，领导者应挺身而出，勇担重任，积极成为用数据驱动决策的先行者。与此同时，一个高效协作、技能卓越的数据分析团队也是不可或缺的。这样一支团队能够对数据进行深度挖掘和精准分析，将数据转化为洞见，为企业领导者做决策提供有力的依据。此外，企业还需要致力于将数据的价值融入业务流程中，让数据真正成为推动业务增长和运营效率提升的强劲引擎。

14.2.1 领导者充当第一人

作为企业发展的引领者，领导者往往具有强烈的使命感和责任感。他们能够认识到数据在现代商业环境中的重要地位，以及完善的数据制度对企业生存和参与竞争的重要意义。这种认知驱动着他们积极制定数据制度，将制定数据制度视为自身的重要使命，并全身心地投入其中。

徐州徐工挖掘机械有限公司的 CDO（Chief Data Officer，首席数据官）在推动企业数字化转型方面扮演着至关重要的角色。CDO 不仅是数据战略蓝图的主要设计者和实施者，还是健全的数据治理架构的确立者。数据治理架构能够确保数据得到全面的质量控制、严格的安全保障，以及符合相关行业规范的要求，这标志着企业在数据管理方面达到了专业水平。

CDO 不仅进行理论层面的规划，还积极引领专业团队进行数据的深度分析和挖掘，为企业的领导者提供基于数据的科学决策支持。基于精准的数据，企业的领导者可以更准确地把握市场动态，优化资源配置，强化风险控制，有效推动数字化战略的全面实施，提升企业在数字化时代的核心竞争力。

领导者的直接参与能够确保数据制度具有前瞻性和适应性。他们拥有丰富的经验和敏锐的洞察力，能够准确把握行业趋势和技术发展方向，在数据制度中融入先进的理念和方法。同时，领导者能够在考虑当下需求的同时，在数据制度中预留出足够的空间，以应对未来可能出现的变化和挑战。

在制定数据制度的过程中，领导者还需要关注数据的合规性和安全性。他们需要确保企业在收集、存储、使用和共享数据时遵守相关的法律法规和行业标准，保护客户隐私和企业机密。领导者应该制定严格的数据制度，确保数据的合规性和安全性。

领导者充当制定数据制度的第一人，能够展现出其卓越的领导力。他们以自身的行动和影响力，引领员工构建科学、高效的数据制度，为企业的发展注入强大动力。

14.2.2 给力的数据分析团队

构建一套完善的数据制度，离不开一个强大的数据分析团队的支持。这个团队具备一些特点（见图 14-2），能够对海量数据进行深度挖掘和分析，从而为企业提供有价值的决策依据。

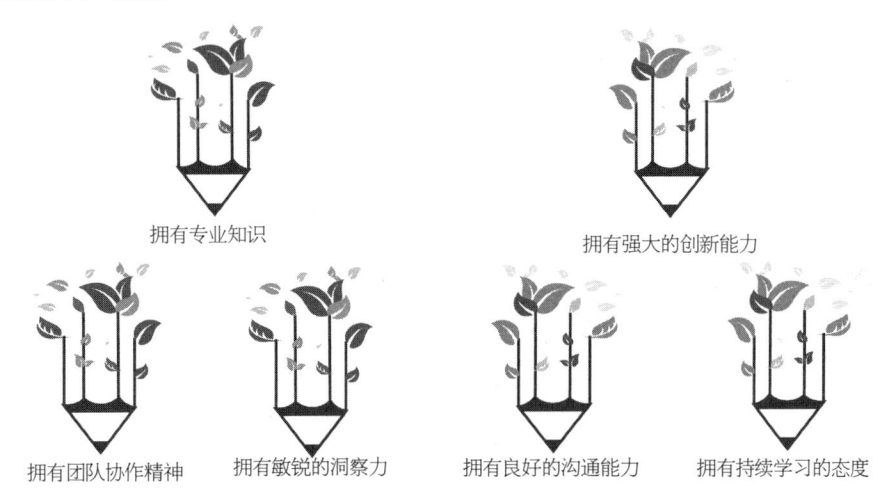

图 14-2 数据分析团队具备的特点

（1）拥有专业知识。数据分析团队的成员应当具备扎实的统计学知识、精湛的编程技能，以及对业务领域的深刻理解能力。只有这样，他们才能从复杂的数据中挖掘出有价值的信息，为数据制度的构建奠定坚实的基础。

（2）拥有强大的创新能力。面对不断变化的市场环境和数据挑战，数据分析团队的成员应敢于突破传统思维，探索新的数据分析方法和技术手段。他们要能够不断地推陈出新，为数据制度注入新的活力。

（3）拥有团队协作精神。数据制度的制定涉及多个部门和环节，需要具有不同专业背景的人员紧密合作。给力的数据分析团队的成员能够相互信任、相互支持，共同攻克一个又一个难题，确保数据制度的全面性和有效性。

（4）拥有敏锐的洞察力。数据分析团队要善于从海量数据中发现细微的变化和趋势，发现潜在的问题和机遇。这种洞察力能够帮助企业及时调整战略，更好地应对市场竞争。

（5）拥有良好的沟通能力。数据分析团队的成员需要与管理层、业务部门等进行有效的沟通，将数据分析的结果和建议清楚地传达给他们，推动数据制度的制定和落地。

（6）拥有持续学习的态度。数据领域的知识和技术不断更新换代，给力的数据分析团队的成员始终保持对新知识、新技术的渴望，不断提升自己的能力和水平，以满足企业不断优化、完善数据制度的需求。

总之，给力的数据分析团队是制定优秀数据制度的核心力量。在团队成员的努力下，企业能够在数据的海洋中畅游，实现可持续发展和进步。

14.2.3　让数据成为业务增长的动力

数据已经渗透到生产生活的方方面面，企业的发展更是离不开数据的支撑。数据不仅是企业运营的基础，还是业务增长的关键动力。如今，让数据成为业务增长的动力，已经成为很多企业的重要战略。

企业需要通过有效的数据整合、分析和应用，将数据价值转化为商业价值。这要求企业在技术层面强化数据的管理与利用，同时，也要在组织层面积极推广和深化数据文化。领导者应深刻认识到数据在业务决策与优化中的重要性，在思维层面上对数据高度重视。

深入透彻地理解业务流程是企业稳健发展的基石。领导者只有对每个业务流程的运作模式、特点及需求具备清晰的认识，才能将数据与这些业务流程精准结合，找到最佳的切入点，让数据为业务流程优化提供有力支撑。这不仅需要领导者对业务流程有深入的理解，还需要领导者对数据有敏锐的洞察力。

企业的领导者还需要构建一套高效的数据治理体系。该体系应该明确数据的所有权、使用权和监管权，确保数据的合规性和安全性。同时，领导者还需要制定严格的数据质量标准，对数据进行清洗、整合和标准化处理，以保障数据的准确性和可靠性。

此外，企业还应加强对员工的数据素养培训。通过参加培训，员工能够认识到数据的重要性，掌握基本的数据分析技能，具备数据敏感度和洞察力。这样，员工在日常工作中便能主动地利用数据，为企业的发展贡献更大的力量。

当企业的领导者能够牢牢把握这些关键点，将数据价值全面融入业务流程中时，企业将迎来新的发展机遇。数据如同血液一般，在企业的各个业务流程中流淌，推动企业不断前行，实现可持续的增长与繁荣。

14.3 领导者的关键任务：目标数据化

要想让数据赋能企业管理，确保目标数据化至关重要。领导者要先确保目标明确、精准、可衡量，然后将其分解为可量化的指标。通过将目标数据化，领导者可以更清楚地了解企业的现状和未来的发展方向，制订更有效的战略计划，更好地实现企业的目标。同时，目标数据化还可以帮助领导者更好地监测企业的发展情况，及时调整战略计划和策略，确保企业朝着正确的方向前进。

14.3.1 制定数据化目标的关键点

领导者在制定数据化目标时，需要充分理解企业的整体战略方向和业务目标。这包括对市场趋势的洞察、对竞争对手的分析，以及对客户需求的深刻理解。领导者需要确保数据化目标与企业的长期目标和短期目标相一致，以使数据分析工作能够有效地支持企业战略的执行。

在制定数据化目标时，领导者应当考虑以下几个关键点。

1. 明确性和量化

领导者应避免制定模糊的数据化目标，如"提升数据质量"，应制定具体、明确的数据化目标，如"将数据准确率提升至99%"。

2. 可行性

制定的数据化目标虽然需要具备一定的挑战性，但同样需要具备可行性。领导者在制定数据化目标时，应与相关部门和专家充分沟通，确保制定的数据化目标既具有挑战性又符合实际。

3. 相关性

制定的数据化目标应与企业的核心业务流程和关键绩效指标紧密相关，以确保数据化目标的实现能够直接对企业的业绩产生积极的影响。

4. 时限性

为了确保数据化目标具备紧迫性和聚焦性，领导者应设定明确的时间节点。例如，在一年内实现数据化目标，或者将实现数据化目标的过程分解为几个阶段，为每个阶段都设定截止日期。

5. 资源分配

实现数据化目标需要相应的资源投入，包括人力资源、技术工具和资金支持。领导者在制定数据化目标时，需要考虑并规划这些资源的分配。

6. 风险管理

数据化目标的实现可能伴随着风险，如数据安全问题、隐私保护挑战等。领导者在制定数据化目标时，应充分评估潜在的风险，并制定相应的风险规避措施和应急预案。

7. 持续改进

数据化目标的制定不是一蹴而就的，而是一个持续的过程。领导者应定期了解数据化目标的制定情况，并根据企业实际情况和市场环境的变化及时优化数据化目标。

综上所述，通过全面、系统地考量以上关键点，领导者能够确保制定的数据化目标科学、合理，从而有效推动企业的发展。

14.3.2　实现数据化目标的三种模式

为了提升竞争力、优化运营并进行创新，很多企业纷纷设定数据化目标。然而，如何实现数据化目标是一个关键问题，不同的实现模式会产生不同的效果和影响。集中式、分布式和混合式是三种常见的数据化目标的实现模式，各有其特点和适用场景。

集中式是指将所有与数据相关的决策和行动集中在一个核心团队或部门中。这种模式的优势在于能够确保数据策略的一致性和统一性。例如，某大型企业设立了专门的数据管理中心，数据管理中心负责制定数据收集、整理、分析和应用的标准和流程，从而避免了不同部门各自为政所导致的数据混乱和不一致问题。

与集中式相对应的是分布式。在这种模式下，实现数据化目标过程中的权力被分散到各个业务部门或团队，这能够充分体现各个业务部门或团队的自主性和专业性。每个业务部门或团队都可以根据自身的需求和特点来制定合适的数据化目标。例如，销售部门可以专注于收集和分析客户数据，以提升销售业绩；研发部门可以利用数据来推动产品创新。这种模式能够快速响应业务需求的变化，但也需要企业建立有效的沟通和协调机制，以避免形成"数据孤岛"。

混合式集成了集中式和分布式的优点，在保持企业整体战略方向不变的同时，给予执行者一定的灵活性。企业可以在高层级上进行集中规划和管理，同时允许部分业务部门根据实际情况进行分布式执行。这种模式能够适应复杂多变的业务环境，兼顾统一性和灵活性。一些跨国企业常常采用混合式来平衡全球战略和地区业务的需求。

要想选择合适的数据化目标的实现模式，领导者需要综合考虑企业的规模、业务特点、组织架构等因素。无论是采取集中式、分布式，还是采取混合式，领导者的目的都是更有效地实现数据化目标，推动企业的发展和创新。

14.3.3　用数据分配任务

高效的任务分配对企业的运行和发展至关重要，而数据的应用为实现更精准、更合理的任务分配提供了有力支持。通过对相关数据的收集、分析和利用，领导者能够更好地了解员工的能力、工作负荷和偏好，从而做出更明智的任务分配决策。

首先，领导者需要广泛收集各种数据，包括员工的技能水平、工作经验、过往绩效、当前工作量等。这些数据能够为任务分配提供依据。例如，通过分析员工过往处理类似任务的表现数据，领导者可以了解员工在哪些特定领域具有优势，从而更合理地给员工分配任务。

其次，除了收集数据，领导者还需要对收集的数据进行深入的分析。通过挖掘数据中的关联和趋势，领导者能够洞察员工的工作模式和潜力。例如，数据分析结果显示某些员工在团队协作项目中表现突出，那么在分配需要团队协作的任务时，这些员工就是领导者优先考虑的对象。

最后，数据是动态变化的，领导者应根据实时数据对任务分配进行灵活的调整。当员工的工作量出现较大变化或其技能得到提升时，领导者应及时调整其任务安排，以确保工作的平衡和效率。例如，当某个项目的进度受阻时，领导者可以通过数据分析找到具备相应能力的员工来补充或支援，确保项目能够按计划推进。

总之，数据能够确保任务分配科学、合理、高效。基于数据，领导者可以深入了解员工的能力和潜力，优化任务分配策略，提高员工的协作效率和工作满意度。

第15章
以结果为导向：抛弃形式化的管理模式

以结果为导向的领导力要求领导者摒弃形式化的管理模式。这种传统的管理模式往往过于注重流程的合规性和操作的标准化，可能因此而忽略了实际成果的产出和企业整体目标的实现。以结果为导向的领导力强调的是对最终结果的关注，旨在通过更加灵活的方法，激发员工的潜力，推动企业向前发展。

15.1 落伍的"家长制"管理作风

在很长一段时间内，"家长制"管理作风盛行。然而，随着时代的发展，员工对自主性、灵活性的需求逐渐增多，这一管理作风逐渐落伍，被新的管理作风所取代。"家长制"管理作风主要有三种表现形式：任人唯亲宗派式、唯我独尊命令式和主观猜测臆断式。下面对这三种表现形式进行详述，以解析其落伍的原因及其对企业的危害。

15.1.1 任人唯亲宗派式

任人唯亲宗派式的"家长制"管理作风犹如一颗隐藏的毒瘤，严重制约着企业的健康发展与活力释放。

任人唯亲宗派式的做法严重破坏了职场和社会的公平、公正。在这种不良的管理作风下，真正有能力的人才往往被忽视和埋没，无法获得发展机会。相反，那些依靠关系和背景的人却能够轻易地获得发展机会。遗憾的是，这些人往往缺乏实际能力和责任感，无法胜任其所担任的职务。

任人唯亲宗派式所带来的负面影响是多方面且深远的。它会严重削弱企业的凝聚力。当员工的努力和才能被关系和背景所取代时，他们的工作积极性和奋斗热情将受到严重打击，内心会产生失落感。员工之间不再彼此信任、相互扶持，而是互相猜忌、产生隔阂。将这样的员工聚在一起，无法形成强大的合力，会严重影响企业的整体效能。

在这种落伍的管理作风中，领导者将私人关系作为选拔与任用人才的依据。那些与领导者有亲属关系或私交深厚的人，往往无须拥有真才实学，就能轻松占据关键岗位，获取丰富的资源。而那些才华横溢、努力拼搏的人，却只能在不公平的环境中黯然失色。这不仅是对人才的极大浪费，还是对公平竞争原则的肆意践踏。

作为美国计算机领域的先驱，王安电脑公司曾取得显著的业绩和辉煌的成就。该公司一度在全球计算机产业中占据重要地位，其产品和技术深受广大用户的喜爱和认可。然而，20世纪80年代初，该公司的创始人王安在企业发展的关键节点做出了将公司总裁职位交给其子王列的决定。这一决定在当时引发了广泛的争议，因为王列不具备很强的管理能力。

果然，在王列上任后，该公司的业绩迅速下滑，该公司在短短一年内的亏损高达4.24亿美元。这给王安电脑公司带来了沉重的打击，使其陷入了前所未有的困境。更为严重的是，该公司的股票在之后的三年内急剧下跌，跌幅高达90%。这使得该公司面临着巨大的财务压力和市场挑战，前景堪忧。

最终，在巨大的财务压力和市场挑战下，王安电脑公司于1992年申请破产保护。这一消息在当时引起了轰动，不仅导致公司员工失去了工作，还让曾经信任和支持公司的用户感到失望。

王安电脑公司的案例警示领导者，真正的领导力应建立在公正、公平、开放和包容的基础之上。领导者应将能力、品德和业绩作为衡量人才的标准，避免被私人关系所左右。只有这样，企业才能吸引和留住真正的人才，实现持续、健康的发展。

15.1.2 唯我独尊命令式

领导者采用唯我独尊命令式的管理作风，往往会抑制员工的自主性和工作积极性。唯我独尊命令式的管理作风，如同一道沉重的枷锁，极大地限制了企业的发展与进步。

在这种管理作风下，领导者将自己置于金字塔的顶端，以近乎专制的姿态掌控一切。他们将自身的话语视为不可违背的命令，要求员工无条件服从，不允许员工质疑和违抗。在唯我独尊的领导者看来，只有自己的观点才是正确的，他人的想法无足轻重。在他们的领导下，企业变成了独裁王国，一切都要按照他们的意志运转。

2024 年 1 月，深圳一家知名科技公司发生了一起令人震惊的事件。员工 A 在内部工作沟通群组中分享了一则关于公司延期复工的消息，并向上级询问相关情况。然而，公司副总裁张某误解了员工 A 的意图，认为这是在质疑他的管理权威和能力，随即在群组中对员工 A 进行不当的言语攻击，并发表威胁性言论。张某的这一行为严重侵犯了员工 A 的权益，在公司内部引起轩然大波。员工对张某的行为表示强烈不满和抗议，他们无法理解，为何一个简单的询问和分享会引发张某如此激烈的反应。

然而，这起事件的影响并没有止步于公司内部。很快，社会舆论开始关注这一事件，各大媒体纷纷报道，引起了公众的广泛讨论。人们对该公司副总裁的行为表示震惊和愤怒，对该公司的整体形象和声誉质疑。这对该公司来说，无疑是一次重大的打击。

唯我独尊的领导者往往容易陷入自我封闭的状态，难以接受新的观念和信息。他们固执地坚守既有认知，对外部环境的变化视而不见。这导致企业在制定战略和创新发展方面陷入困境，难以适应快速变化的市场环境。

因此，领导者需要不断反思和改进自己的管理作风，树立正确的价值观和行为准则。他们应以开放的心态接纳不同的观点和意见，以谦逊的态度学习和成长。

15.1.3 主观猜测臆断式

在主观猜测臆断式的管理作风下，领导者主要依靠个人的感觉、经验和主观判断，而不是依靠客观的数据和事实来做出决策和指导工作。这种管理作风可能会导致决策的不稳定性和不确定性，因为领导者的感觉、经验和主观判断可能会受到个人情绪、偏见和其他因素的影响。

在这种管理作风下，领导者就好似一个独断专行的大家长，他们很少倾听员工的声音，不关注客观情况，仅凭自己的喜好和偏见来行事。主观猜测臆断式的管理作风的弊端如图 15-1 所示。

1 错误评估员工的能力	2 使企业经营陷入困境
3 使团队协作受到严重影响	4 阻碍创新

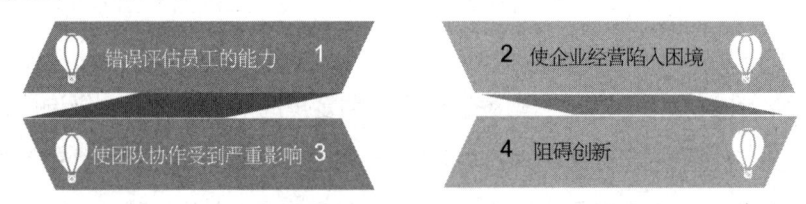

图 15-1　主观猜测臆断式的管理作风的弊端

1. 错误评估员工的能力

领导者可能会因为一次偶然的事件或个人的主观判断，就轻易地给员工贴上标签，而不去深入了解员工的真实潜力和能力表现。这不仅对员工不公平，还严重打击了他们的工作积极性，导致人才的浪费和流失。

2. 使企业经营陷入困境

领导者可能会因为自己的一时兴起或片面认知，就贸然决定企业的发展方向，而不进行充分的市场调研和分析。这样做出来的决策往往缺乏坚实的基础，很容易让企业陷入困境，在市场竞争中处于劣势。

3. 使团队协作受到严重影响

员工感到自己的意见不被重视，自己只是被动执行命令的工具，久而久之，团队的凝聚力和协作精神就会被消磨殆尽。员工之间缺乏信任和沟通，工作氛围变得压抑、沉闷。

4．阻碍创新

领导者的主观臆断会让新的想法和创意可能还未萌芽就被扼杀，还会让员工不敢提出不同的观点，害怕触怒领导者。这导致企业在故步自封中逐渐失去竞争力。

某企业的领导者以自信著称，他往往基于个人的直觉与丰富的经验做出决策。有一次，市场部门提交了一份营销策略提案，该提案需要一定的资源。然而，该领导者认为此提案风险过高，且缺乏深入的市场调研与详尽分析，于是直接否决了该提案。数月后，竞争对手采纳了类似的营销策略并取得了显著成效，该企业的市场份额因此下滑。此时，该领导者才意识到先前决策的失误，但已错失良机。

为了企业的长远发展，领导者应建立科学的决策机制，重视数据和事实，广泛听取各方面的意见。同时，领导者应给予员工充分的表达空间，尊重他们的智慧和努力。领导者需要勇敢地摒弃主观猜测臆断式的管理作风，以开放、理性和包容的态度去拥抱新的管理作风和方法，使企业在正确的轨道上稳健前行，创造更加辉煌的明天。

15.2 是领导者，也是朋友

优秀的领导者是什么样的？他们既是员工的领导者，也是员工的朋友。领导者模糊等级界限，与员工平等相处，可以营造开放、包容的工作氛围，进一步激发员工的创造力和主观能动性。相较于命令，建议更容易被接受，并能有效地调动员工的工作积极性。具有亲和力的领导者如同暖阳般温暖，能够赢得员工的真心拥护，增强企业的凝聚力。

15.2.1 模糊等级界限，与员工平等相处

传统的等级制度往往会在领导者与员工之间筑起一道无形的壁垒，限制了沟通与

协作的执行。而当领导者主动打破这一壁垒，以平等的姿态与员工相处时，许多积极的变化便会随之产生。

与员工平等相处意味着领导者能够真正倾听员工的声音。他们不再高高在上地发号施令，而是认真倾听员工的想法、建议和困扰。这样能让员工感受到被尊重和重视，从而更愿意为企业贡献自己的智慧和力量。领导者与员工平等相处的关键要点之一是给予员工表达的机会，让他们的意见能够被重视和采纳。

本田汽车公司的创始人以其独树一帜的领导风格闻名于世。他经常身穿工作服，深入基层，与员工一同在工厂的食堂用餐。这展现出他亲民、和蔼可亲的一面，使他得以与员工进行无障碍沟通。这种领导风格使员工对他充满了敬意，亲切地称呼他为"老爹"。

"老爹"的领导风格不仅影响了员工的整体士气，还在公司内部营造了一种团结、向上的工作氛围。正是这种独特的领导风格，使得本田汽车公司在激烈的汽车市场竞争中脱颖而出，取得了令人瞩目的业绩与成就。

在"老爹"的领导下，本田汽车公司的员工感受到了前所未有的归属感和责任感。他们深知，自己不仅是公司的一员，还是这个大家庭中的一分子。因此，他们更加努力地工作，积极创新，为公司的发展贡献自己的力量。

"老爹"的领导风格也影响了公司的决策过程。他鼓励员工积极参与讨论，提出自己的意见和建议。这种开放、平等的沟通氛围使得公司做出的决策更加科学、合理，同时激发了员工的创新精神。

此外，"老爹"还非常关注员工的个人成长和职业发展。他经常与员工面对面交流，了解他们的需求和困惑，为他们提供必要的支持和帮助。这种关心和支持让员工感受到了公司对自己的关爱，激发了他们的工作热情。

然而，领导者要实现与员工平等相处并非易事。对此，领导者需要不断探索和实践，找到适合自己的管理模式。同时，领导者还需要加强员工培训和教育，提高他们的职业素养和自我管理能力，让他们能够更好地适应这种新型的管理模式。

15.2.2　建议比命令更容易让人接受

相较于命令，建议往往更温和、更令人感到舒适，因此员工更愿意接受建议。建议往往不具有强制性，而是一种选择性的方案或观点，给予员工更多的自主权和决策空间。

许多领导者往往自恃身份，习惯性地通过发布强硬的命令来给员工安排工作，然而这种做法会使其与员工沟通的效果变差，让员工产生不满和抵触情绪。

例如，某企业的领导者最近遇到了一个难题，那就是与员工很难沟通，这让他感到很苦恼。通过和朋友交流，他才意识到问题所在。原来，他在和员工沟通时，多采用发布命令的方式，导致员工感到不快，因此很难接受他的观点。

为了改善这一状况，他决定从以下两个方面入手。

1. 态度和善，注意用词

领导者在与员工沟通时，应避免使用像"对于这项工作，你就按我说的做""尽快把材料赶出来，下班前我要在办公桌上看到它"这样的命令式用语。这种用语会让员工感到不被尊重，影响沟通效果。领导者可以采用建议的方式，如"我建议你按照这种方式开展工作，这样更高效""我建议你尽量在下班前准备好材料，以便给后续流程预留充足的时间"。领导者要注意，提出建议的首要原则是尊重他人，否则建议不会被接受。

2. 让员工提出疑问

在安排工作时，领导者应主动询问员工是否有疑问，如"关于这个方案，你还有什么疑问吗"。这样能够让员工有机会表达自己的观点，也能够让领导者的意见得到更好的理解和接受。

王某在北京经营着一家有一百多名员工的企业。在王某的管理下，该企业一直保持着蒸蒸日上的发展状态，工作氛围非常和谐。王某是怎么做到的？

这离不开一次失败的经历给王某带来的启示。之前，王某是一个直接对员工下命令、享受权威感的领导者。在一次重要的采购会议上，王某与采购部负责人、总工程师一起讨论要采购价值 300 万元的设备，到底选择哪家供应商的问题。

王某一直以来态度强硬，总工程师早就对他心生不满，也知道劝说无用，因此在王某又一次直接下命令时，并没有进行劝阻。在将设备买回来后没几天，其就因为与现有设备不匹配而出现故障，导致企业遭受了不小的损失。

经过这件事，王某痛定思痛，改变了以往的行事作风，在与员工沟通时不再高高在上地下达命令，而是学会了尊重员工，给员工提建议。慢慢地，该企业的工作氛围越来越好。

由上述案例可知，提出建议的沟通方式能够拉近领导者与员工之间的距离，提高员工接受和执行任务的效率，其效果远胜于直接下命令。

15.2.3　展现亲和力，管理迈出一大步

如果领导者能够有效地展现出自己的亲和力，那么他在管理工作中就已经成功迈出了一大步。亲和力能够让他人感到舒适和愉悦，有助于领导者与员工之间建立良好的关系，增强企业的凝聚力。

亲和友好的领导风格主要体现在领导者与员工之间建立紧密且持久的关系上。具备这种领导风格的领导者通常具有以下特征：注重员工的个人发展；关心员工的生活和情感需求；倾听员工的意见和建议；给予员工更多的自主权。这种管理风格能够显著提升员工的满意度、自主性和创造力。亲和友好的领导风格的优势如图 15-2 所示。

1. 建立信任和支持互动

亲和友好的领导风格有助于领导者与员工之间建立信任关系，使员工感受到自己的工作得到了认可和支持。领导者倾听员工的需求和问题，并认真对待员工的反馈，能够增强员工的参与感和工作积极性。

2. 改变员工的工作态度

亲和友好的领导风格能够使员工意识到自己的存在及其工作价值的重要性。通过回应员工的意见、给予员工夸奖和奖励，领导者可以营造出积极的工作氛围。当员工感受到温暖和关怀时，他们会增强责任感，主动改变工作态度，认真踏实地工作。

3. 提高员工的工作效率和创造力

亲和友好的领导风格可以为员工提供良好的工作氛围，从而提高员工的工作效率和创造力。这种领导风格能够激励员工，使员工更加愿意花费时间、精力去解决问题和进行创新。

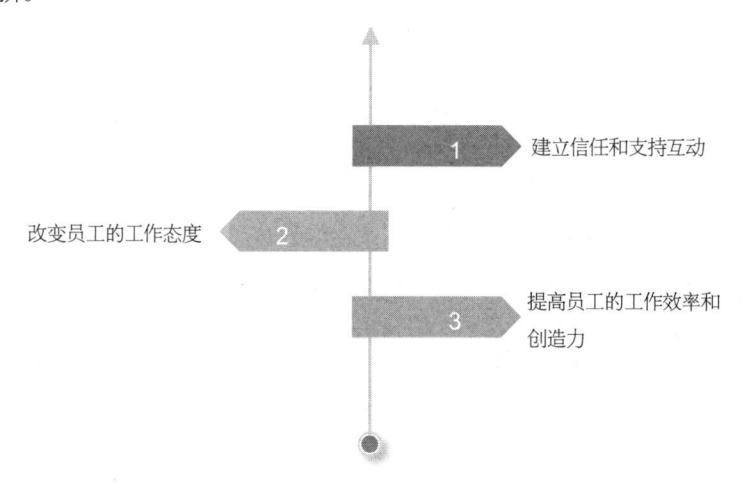

图 15-2　亲和友好的领导风格的优势

领导者在展现出亲和力时不应刻意为之，而应源自内心的真实想法。领导者只有真诚地与员工相处，才能充分发挥亲和力的强大力量。当领导者展现出亲和力时，这通常意味着管理工作已取得了显著的进步。

15.3 多讲结果，少说教

领导者应秉持以结果为导向的原则，更多地关注结果的传达，而不是过度说教。

明确的以结果为导向的原则可以让员工清晰地了解工作的方向和目标,过多的说教则可能会引发员工的反感。同时,领导者应警惕"人盯人"策略带来的隐患,应给予员工足够的空间,让他们充分发挥才能。

在明确工作方向的基础上,领导者应反对无效工作,确保员工将精力集中在正确的工作方向上。此外,简化工作流程,减少不必要的逐级汇报,能够提高工作效率和决策效率,进一步激发员工的工作积极性。

15.3.1 警惕"人盯人"策略带来的隐患

"人盯人"策略是一种对员工进行实时监督与管理的有效手段,旨在确保员工的工作质量与工作效率。通过采取这种策略,企业能够更为精准地掌握员工的工作状态,进而促进整体业绩的提升。

领导者应当高度警惕"人盯人"策略存在的潜在风险。这种策略容易让员工感受到过度的监督和压力,从而限制了他们的主观能动性和创新性的发挥。

从领导者的角度来看,过度采用"人盯人"策略会大量消耗他们宝贵的时间和精力。领导者将大量的时间用于监督员工的每一个细节动作,就无法集中精力去思考和规划更重要的战略方向、业务拓展等事务。这不仅影响了领导者自身能力的提升,还使得企业在宏观层面上难以实现有效的突破和发展。

此外,"人盯人"策略还会对企业的工作氛围产生不良影响。员工之间可能会因为"人盯人"策略带来的紧张的工作氛围而产生隔阂和不信任,这严重削弱了企业的凝聚力和向心力。员工间可能会相互猜忌,担心自己的一举一动被他人汇报给领导者,从而导致人际关系变得复杂和紧张。

领导者应摒弃"人盯人"策略,认识到给予员工足够的信任和自由发挥空间的重要性。领导者应通过明确工作的方向和目标,让员工在一定的框架内自由地发挥自己的才能和智慧。这样做不仅能提升员工的工作满意度和忠诚度,还能激发他们的工作热情。当员工感受到被尊重和信任时，他们会更愿意为企业贡献自己的力量，并且会主动寻求更好的工作方法。

15.3.2 明确工作方向，反对无效工作

在管理过程中，领导者应为员工指明前行的道路，明确其工作方向。因为只有工作方向明确，员工才知道该往何处努力、如何协同合作。如果工作方向模糊不清，员工就会像无头苍蝇一样，在茫然中耗费精力和时间，进行大量的无效工作。

大量的无效工作不仅是对员工努力的浪费，还是对企业资源的巨大消耗。当员工在错误的工作方向上拼命努力，却无法取得实质性的成果时，他们的工作积极性和工作热情就会消磨殆尽。领导者要坚决反对这种无效工作，不能任由其蔓延。

在发展过程中，华为公司始终坚守以客户为中心的原则，并倡导坚持不懈的奋斗精神。华为公司创始人任正非坚信，企业需要明确核心价值观，并以此为导向推动人力资源变革。在华为公司，员工持股计划不仅有效解决了公司高速成长过程中的资金问题，还为公司成功吸引并留下了众多人才。此外，尽管华为拥有庞大的组织架构，但其对市场动态始终有敏锐的洞察，也能精准地把握客户的需求。

华为公司的成功离不开领导者清晰、明确的工作方向和对无效工作的坚决摒弃。任正非坚持以奋斗者为本的理念，倡导并激励员工以公司目标为导向，高效、有价值地工作，而非无效地加班或劳动。这种理念在华为公司内部得到了深入的贯彻，员工高效工作，为公司创造更多的价值。

领导者需要明确工作方向，坚决反对无效工作，带领员工在复杂多变的环境中稳步前行，实现企业的可持续发展。

15.3.3 简化流程，减少逐级汇报的环节

随着企业发展壮大，其工作流程可能会越来越复杂。不同项目的开展、不同的项

目环节等,都会有相应的计划、执行、监督、反馈等。工作流程的复杂化往往会降低工作效率。

逐级汇报的环节过多,产生的最直接的影响是信息传输存在延迟。在瞬息万变的市场环境中,商机往往转瞬即逝。当基层员工发现一个市场机会或者问题时,需要经过层层上报才能将信息传输给决策层。等到决策层做出指示,再经过层层下达将指示传达给基层员工时,市场机会可能已经被竞争对手抢占,或者问题已经恶化。

例如,某快消品企业市场部的一位员工发现了一个新兴的消费趋势,他要将这一发现汇报给企业的领导者,需要经过"主管—经理—总监—副总—总经理"诸多层级。这种多层级的汇报机制不仅耗时,而且可能导致企业在竞争中落后。因为在此期间,其他反应迅速的企业可能已经推出相应的产品,占据了一定的市场份额。

过多的汇报层级还容易造成信息失真。在信息被逐层传输的过程中,由于每个人的理解、认知和表达方式不同,原始信息可能会被误解、遗漏或者添加了主观因素,导致领导者接收到的信息与实际情况存在偏差,影响决策的准确性。

例如,某基层员工汇报的内容为"项目遇到了一些技术难题,可能会导致项目进度延迟1~2天,但我们通过加班和资源调配可能会解决这些技术难题"。经过逐级汇报后,领导者接收到的信息变成"项目因技术问题面临严重的进度延误,而且这个问题无法解决"。信息的扭曲会严重影响领导者做出的决策的质量。

此外,逐级汇报还容易滋生官僚主义作风,抑制员工的工作积极性和创造力。在严格的层级制度下,员工往往过度关注上级的指示和审批,缺乏主动思考和创新的动力。长此以往,企业将逐渐失去活力和竞争力。

为了解决这些问题,企业的领导者应当积极推动流程简化,减少逐级汇报的环节。领导者可以建立更加扁平化的组织架构,压缩管理层级,使信息能够更加快速、准确地在不同层级之间传输。例如,一些互联网企业采用了项目小组的组织形式,每个项目小组都有充分的自主权和决策权,能够快速响应市场和客户需求的变化。

精简工作流程能够有效减少层层汇报、层层审批所消耗的时间,是领导者以结果为导向、重视工作效率的表现。同时，精简工作流程还能节约资源，提高企业的效益。

15.3.4　目标分解，责任到人

制定目标是一项较为复杂的工作。在制定目标时，领导者需要综合考虑产品、效益、市场、客户等诸多因素。为了制定更加科学的目标，领导者需要先分析上一年度的问题，找出原因，然后综合考虑各种因素的情况，如市场容量、市场竞争情况、政策发展方向、企业战略、产品情况等，制定出一个合理的工作目标。

在制定目标时，领导者可以将目标分解，以明确每位员工的责任，实现责任到人。具体来说，领导者可以采用自上而下法和自下而上法来分解目标。

自上而下法指的是由领导者制定目标，然后将其逐级分解给各个部门、各个小组、各位员工。具体操作如下。

1．企业员工的分解

在将目标制定好以后，应先将目标分解到企业的每位员工。

2．各级市场的分解

规模较大的企业的经营范围非常广，甚至覆盖全国，因此要将目标分解到各个省、各个市、各个区所负责的市场。

在进行各级市场的目标分解时，领导者需要确定各个区域需要完成的目标，并区分重点区域与非重点区域、存量区域与增量区域等。

3．客户方面的分解

在进行客户方面的目标分解时，领导者需要明确的数据：各级经销商与代理商的目标分解数量、老客户减少的数量、新客户增加的数量。此外，领导者还需要对客户的结构进行分析，如明确大、中、小客户的数量及其在客户总量中的占比等。

4. 产品方面的分解

领导者在进行产品方面的目标分解时需要考虑很多因素，如销售情况、销售比例、产品的库存量、重点产品的目标销售额、新产品的铺货率和销售量等。

5. 月、季、年的分解

月度目标、季度目标、年度目标应依据上一年的月度目标、季度目标、年度目标制定，以数字形式体现。领导者应把年度目标分解到季度，再进一步将季度目标分解到月度，落实到企业的每位员工身上。

6. 利润的分解

领导者在完成目标分解后，就可以把目标分解表交给财务部门了，由财务部门计算出企业在完成目标后可以产生的利润。如果目标分解表没有问题，财务部门就可以将其提交给上级了；如果目标分解表存在问题，财务部门则在调整之后再提交上去。

和自上而下法相比，自下而上法具有更多的优势，也更符合现代化管理的趋势。

自下而上法指的是先让员工制定目标，再让员工将制定的目标逐级向上汇报，最后由领导者确定总目标。目前，自下而上法被越来越多的企业采用，它具有以下三个优势。

1. 可以增强员工的责任感

让员工自己制定目标，可以激发其完成目标的主观能动性。通常人们对主动争取到的东西有着一种强烈的责任感，并且愿意为它负责。如果领导者让员工自己制定目标，那么他们就会对目标负责，尽自己最大的努力完成目标。

2. 便于管理员工

在员工自己制定目标时，领导者只需要审核目标是否合理并提出建议就可以了。例如，如果员工制定的目标过低，则领导者可以建议他向其他员工看齐；如果员工制定的目标过高，则领导者可以建议他认真分析产品的市场情况和以往的销售情况，重新制定目标。

3. 更好地了解市场和消费者的情况

制定目标不是简单地罗列数字。无论目标是由领导者制定，还是由员工制定，都要有科学、合理的依据，如销售区域内消费者的数量、销售阶段、市场竞争情况、消费者的需求情况、消费者结构等。

在员工自己制定目标时，由于他们对上述情况比较了解，因此其提交的数据能反映市场和消费者的真实情况。

在现代企业管理中，自下而上法越来越常见。领导者应该积极转变身份，从目标制定者转变为目标审核者、监督者，充分激发员工的主观能动性和工作积极性，高效达到目标。

第 16 章
价值进阶：领导力应该持续升级

领导者拥有的领导力的上限在一定程度上决定了企业发展的上限。领导者持续提升与修炼领导力，对企业的发展至关重要。在提升领导力的过程中，领导者需要关注领导力评估，并持续推动领导力进阶。在新的时代环境下，领导者要与时俱进、不断成长，以做出科学的决策，推动企业持续发展。

16.1 领导力评估与进阶工具

为了持续提升领导力，领导者需要掌握一些领导力评估与进阶工具，以了解自身的优势与不足，有针对性地进行领导力提升。

16.1.1 领导者自我评估的两大工具

领导者需要借助一些工具评估自身的领导力，了解自己的领导力水平、领导风格等，进而明确提升领导力的方向。在这方面，360 度领导力测评和 DISC 领导风格测评能够为领导者提供帮助。

1. 360 度领导力测评

360 度领导力测评是一种综合性评估工具，能够全面评估领导者在领导员工、管理事务、影响他人等方面的能力。借助这一工具，领导者可以了解自己在企业管理中的表现，发现自己在企业管理中存在的不足，进而进行有针对性的改进。

在使用 360 度领导力测评这个工具时，企业需要邀请相关人员参与评估，从不同角度对领导者的领导力进行综合评估。具体步骤如下。

（1）确定评估指标。

评估指标包括领导者的沟通能力、决策能力等多方面的指标。

（2）确定评估人员。

评估人员往往包括领导者本人、上级、同级别同事、下属等多方面的相关人员，覆盖多个角度。

（3）进行评估。

评估人员根据评估指标对领导者的领导力进行评估，在评估过程中可以采取问卷调查、面对面访谈等形式。

（4）汇总分析。

在评估完成后需要对各方提供的反馈进行汇总和分析，形成综合评估报告。

（5）反馈和改进。

领导者获取评估结果和反馈意见，与评估人员共同探讨提升领导力的办法，并制订改进计划。

（6）实施改进。

领导者根据评估结果积极推进改进计划，不断提升领导力。

2. DISC 领导风格测评

DISC 领导风格测评是一种高效的领导力测评工具。其根据领导者的行为特征将领导者分为四种类型：D 代表 Dominance，意为支配型；I 代表 Influence，意为影响型；S 代表 Steadiness，意为稳定型；C 代表 Compliance，意为服从型。

DISC 领导风格测评由 24 组描述行为特征的形容词组成，每组有四个形容词。这些形容词是根据以上四种类型的相关测试维度及一些干扰维度设计而成的。在测试中，领导者需要选出最适合自己的形容词和最不适合自己的形容词，最终确定自己属于哪种类型的领导者。不同类型的领导者具有不同的特点。

（1）支配型领导者。

支配型领导者勇于冒险，喜欢带领员工向前冲，但可能会面临员工的前进速度比自己的前进速度慢的问题。因此，支配型领导者在带领员工向前冲的同时，还要对员工的工作能力进行训练，提高员工的工作能力。

（2）影响型领导者。

影响型领导者具有出色的表达能力，但可能会存在表达夸张的问题。影响型领导者需要注意修正其与员工沟通中的夸张之处。

（3）稳定型领导者。

稳定型领导者较为务实，擅长逻辑分析，喜欢按照标准的程序和计划做事。同时，稳定型领导者往往不善于向员工提出要求，这使得他们在管理不成熟的员工时可能会遇到挑战。因此，稳定型领导者需要格外注重对员工的管理，学会在适当的时候向员工提出要求。

（4）服从型领导者。

服从型领导者喜欢规则与程序，对自己与别人的要求较高，同时喜欢将关注的重点放在事情上，而忽视对员工的关注。服从型领导者需要加强对员工的关注，注意考虑项目进程、团队协作中人的因素，对事情进行更加客观的评判。

在评估自身的领导力时，领导者可以借助以上两个工具，以了解自身的优势与不足，有针对性地提升自己的领导力。同时，领导力评估与改进是一个持续的过程，领导者需要阶段性地进行领导力评估，持续推进领导力的提升。

16.1.2 提升领导力的经典模型

在企业发展中，面对不确定的环境，有的领导者按部就班，有的领导者积极创新，这体现了不同领导者在领导力方面的差异。在逐步提升领导力的过程中，领导者需要了解提升领导力的模型，进而明确前进的方向。

著名管理咨询师拉姆·查兰提出了一个包含六个阶段的领导梯队模型，为领导者提升领导力提供了思路。普通员工要想成长为首席执行官，需要经历六个领导力发展阶段，如图 16-1 所示。

1	从自我管理到管理他人	2	从管理他人到管理经理
3	从管理经理到管理职能部门	4	从管理职能部门到管理事业部
5	从管理事业部到成为集团高管	6	从集团高管晋升为首席执行官

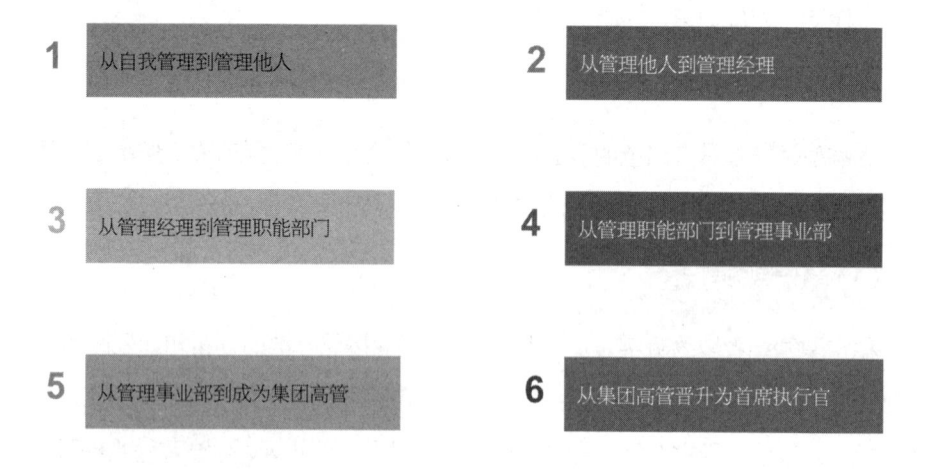

图 16-1　六个领导力发展阶段

1. 从自我管理到管理他人

在从普通员工晋升为基层领导者后，领导者的思维需要经历一个重大的转变，即从自我管理到管理他人。在这个阶段，领导者的工作成果主要通过团队的努力而获得。同时，领导者不仅要进行自我管理，还要进行团队管理。具体而言，领导者需要做好以下三个方面的工作。

（1）通过与上级、员工等的沟通，领导者需要明确自身的任务，并做好工作计划制订、工作授权等工作。

（2）通过工作监督、指导等，领导者需要帮助员工提升胜任能力，让其高效地开展工作。

（3）领导者与上级、员工、相关部门等进行积极交流，建立相互信任的合作关系。

同时，在这个阶段，领导者需要锻炼工作计划制订与工作分配、员工辅导等方面的能力。

2．从管理他人到管理经理

在从经理层级的领导者晋升为部门总监后，领导者的职责会从管理他人转变为管理经理。在这个阶段，领导者需要做好以下三个方面的工作，以实现领导力的提升。

（1）领导者需要做好授权管理，在分散权力的同时实现高效地做决策。

（2）在绩效管理方面，领导者需要及时发现员工的绩效问题，并指出改进的方向，帮助员工进步。

（3）在团队建设方面，领导者需要促进团队间的信息共享，并为团队协同提供支持。同时，领导者需要关注战略与文化层面的问题，推进战略落地和文化氛围打造。此外，领导者还需要注重人才的培养与选拔，推动企业的多元化发展。

3．从管理经理到管理职能部门

在升任事业部副总经理之后，领导者同时管理几个相关部门，需要进行跨部门、跨层级的沟通，因此其需要具备强大的沟通能力。在这一阶段，领导者需要掌握一些新的技能，如与其他部门进行团队协作、基于工作需要协调资源等。领导者还需要具备成熟的思考能力，并不断提升职能战略制定方面的能力。

4．从管理职能部门到管理事业部

与担任事业部副总经理相比，担任事业部总经理的领导者在工作上将迎来新的挑战，即需要统筹管理一个事业部。这时的领导者不再聚焦职能部门，而是从长远发展的角度对计划与方案进行评估。同时，领导者需要明确事业部的业务市场在哪里、事业部怎样提升竞争力、怎样统筹兼顾短期利益与长期利益等。

5. 从管理事业部到成为集团高管

集团高管与事业部总经理在所负责的工作上存在差别，所需要的领导力也不同。一般而言，集团高管所负责的工作包括调动集团资源以整合业务、开发新业务、培养事业部总经理等。同时，根据集团所处的市场环境，集团高管需要调整对不同业务的资源投入、集团的发展战略等。这意味着领导者需要具备更强的统筹能力、业务协同能力，为业务的发展提供战略方向上的指引。

6. 从集团高管晋升为首席执行官

在从集团高管晋升为首席执行官后，领导者领导力的转变重点在经营理念方面，而不是在管理能力方面。首席执行官不仅要关注集团短期目标的实现，还要关注集团长期目标的实现。在集团的短期目标与长期目标之间找到平衡点，是首席执行官做好工作的关键。

总之，领导者处于不同的位置，需要培养不同的领导力。领导者可以根据领导梯队模型判断自己处于哪一个发展阶段，以及需要培养怎样的领导力，以便有针对性地进行提升。

16.2 领导力升级密码：培养接班人

在领导企业发展的过程中，领导者不仅要关注企业的日常运作，还要关注企业的长远发展。为此，领导者需要做好接班人培养工作。领导者需要知人善任，引导员工成长，将优秀员工培养成合格的接班人。

16.2.1 要将合适的员工安排在合适的岗位上

为了实现企业的高效运转，领导者需要将合适的员工安排在合适的岗位上，发挥员工的特长，提高工作效率。要想将这件事做好，领导者需要持续提升领导力，知人善任，做好人岗协调工作。

某制造企业在领导者张某的管理下实现了持续稳定的发展，规模不断扩大，发展势头良好。企业中一位能力出众的员工突然提出离职，这让张某十分不解。通过与这位员工沟通，张某了解到，原来经过几年的磨炼，这位员工积累了丰富的工作经验，也提升了工作能力，但自己所在的岗位长期没有变化，他想挑战新的岗位和工作。

在了解到该员工的需求后，张某意识到了自己管理工作中的疏忽，及时对这位员工进行了安抚，并承诺将推出新的岗位管理办法。不久后，张某开始在企业内推行内部转岗制，在内部刊物上刊登不同岗位的招聘信息，并鼓励合适的员工进行转岗。这为员工调整工作，更好地发挥自己的才能提供了机会和平台。

在新的制度下，此前想要离职的那位员工凭借自己的能力成功转到了自己想要挑战的岗位上，继续为企业的发展贡献价值。

将合适的员工安排在合适的岗位上，是领导者领导力的重要体现。具体而言，领导者需要做好以下四个方面的工作。

1. 了解员工的特点

领导者需要对员工进行全面的了解，了解员工的工作能力、专业背景、性格特点等。领导者可以通过面对面交流、绩效表现评估等多种途径获得这些信息。通过了解员工，领导者能够分析员工在工作中的优势与劣势，评估员工对工作的适应性及其发展潜力等，进而更好地安排员工。

2. 分析岗位需求

领导者需要对岗位需求进行分析，了解岗位职责、工作技能要求、工作环境等内容。通过对岗位需求的分析，领导者能够明确岗位对员工的技能与素质需求，进而判断员工是否胜任相关岗位。

同时，领导者需要搭建灵活的岗位匹配机制，适时调整员工的岗位。这涉及部门内部调岗、跨部门调岗等多个方面。在这样的机制下，员工能够更好地适应岗位的变化，同时更好地发挥自己的潜能。

3. 制订人员配置计划

领导者需要根据员工的特点、岗位需求等，制订科学、合理的人员配置计划。人员配置计划中应涵盖员工的工作技能、工作经验等信息，确保员工能够胜任新岗位的工作。同时，在人员配置计划中，领导者应思考员工需要接受怎样的培训，以提升员工胜任工作的能力。

4. 定期评估与调整

领导者需要对人员配置计划进行定期评估与调整。通过评估，领导者能够了解员工的表现是否与岗位需求匹配，进而明确是否需要调整人员配置计划。

此外，在实现人岗匹配的过程中，领导者还需要与员工保持密切的沟通，了解员工的想法和岗位的实际需求等，从而制订更加有效的人员配置计划。同时，根据员工的反馈，领导者也可以了解员工对工作的期望，进而满足员工在工作中的个性化需求。

16.2.2　指导员工做职业生涯规划

在企业中，领导者除了要做好指挥与管理工作，还要承担起指导员工做职业生涯规划的责任。领导者为员工的职业生涯规划提供有效引导，能够提升员工的工作满意度和对企业的忠诚度，从而推动企业的发展。

在实际操作中，领导者需要做好以下工作。

首先，领导者需要了解员工的需求，并帮助员工设定目标。在指导员工做职业生涯规划时，领导者需要了解员工的意见和目标，并在此基础上与员工一起设定合理的目标和制订实现目标的计划。

其次，领导者需要为员工提供培训与发展的机会，如提供内部培训、外部学习机会、岗位晋升机会等，引导员工做出科学的职业生涯规划，帮助员工更新自己的知识与技能，提升其工作能力与竞争力。

再次，领导者需要定期评估员工的表现，并及时给予反馈。这能够帮助员工了解自己在工作中的优势与不足，有针对性地提升自己的工作能力。同时，领导者还需要根据评估结果帮助员工调整职业生涯规划，进一步明确其发展方向。

最后，领导者需要为员工提供必要的支持。例如，当员工在工作中遇到困难时，领导者需要帮助员工克服困难，鼓励员工在工作中积极创新，给予员工一定的机会进行独立决策等，提升其竞争力。

领导者在员工做职业生涯规划的过程中扮演着至关重要的角色。通过全方位的指导与支持，领导者能够助力员工实现职业发展目标，进而推动企业与员工共同成长。

16.2.3　识别并留住骨干员工

识别并留住骨干员工是领导者在提升领导力时应重点关注的方面。领导者一方面要准确识别骨干员工，另一方面要通过采取多样化的手段留住骨干员工。

企业中的骨干员工往往具有三大特点（见图 16-2），领导者可以根据这些特点识别骨干员工。

1. 就业年限长
2. 工作能力强
3. 发展潜力大

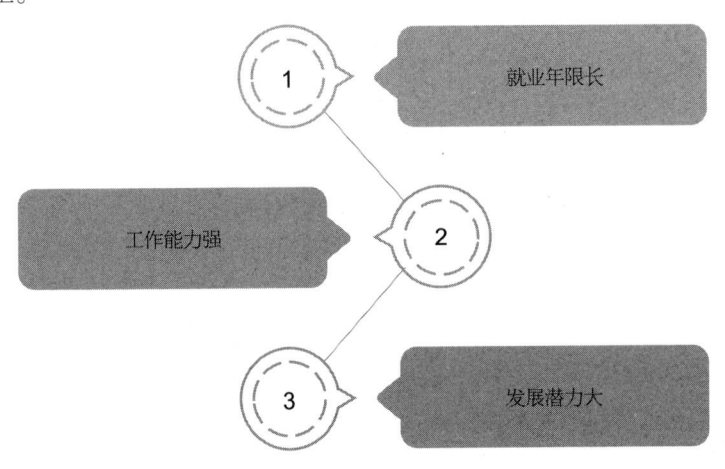

图 16-2　骨干员工的三大特点

1. 就业年限长

企业中的骨干员工往往是就业年限较长的老员工。他们十分了解企业的发展历史、企业文化、业务等，对企业有较高的忠诚度。同时，他们具有丰富的工作经验，能够灵活应对工作中的大小问题，是培养新员工及推动企业顺利运转的核心力量。

2. 工作能力强

骨干员工的核心特点之一是工作能力强。他们能够持续为企业创造价值，为企业的发展做出重要贡献。例如，在企业营销部门中，能够协调多种事务的营销部门主管、部门中销售业绩突出的员工等，都属于企业的骨干员工。

3. 发展潜力大

骨干员工通常具有较大的发展潜力。他们具有较强的学习能力，不断学习新知识，更新工作技能，提升自己的工作素养。同时，面对不断变化的内外部环境，他们通过持续的学习与创新，始终能够适应工作内容的变化。此外，他们还具有较强的管理能力、决策能力等，有望成为企业的管理者。

在识别出骨干员工后，领导者需要通过采取一系列措施留住骨干员工，让骨干员工持续为企业的发展贡献力量。

领导者需要通过提供有竞争力的薪酬、多元化的福利、清晰的职业发展路径等留住骨干员工。领导者需要设计合理的薪酬制度，保证骨干员工能够多劳多得。同时，薪酬制度需要具有公平性和激励性，以激发骨干员工的工作潜力。在福利方面，领导者可以设置住房补贴、交通补贴、节假日福利等多种福利。在职业发展方面，领导者需要辅助骨干员工做好职业生涯规划，并在企业内打通其职业发展路径，让骨干员工能够获得升职加薪的机会。

此外，领导者需要做好企业文化宣传，并营造良好的工作氛围，提升骨干员工对企业的忠诚度，增强骨干员工对企业的黏性。领导者可以通过组织企业文化培训、企业宣传活动等加深骨干员工对企业文化的理解，提升骨干员工对企业文化的认同感。

同时，领导者还需要通过组织团队活动、协调员工间的关系、打造公平公正的管理环境等营造良好的工作氛围，提高员工对工作的满意度。

16.3 与时俱进：领导者要不断充实自己

在科技发展日新月异的时代背景下，企业所处的环境在不断地发生变化。这种变化不仅给企业发展带来了新的挑战，也对领导者提出了更高的标准和要求。为了适应不断变化的管理环境，领导者应与时俱进，不断地充实自己，提升自身的领导力。只有这样，领导者才能在复杂多变的市场环境中保持敏锐的洞察力，把握时代脉搏，为企业的长远发展提供坚实的支撑。

16.3.1 扩大领导力的范围

当前，单一的领导方式和停滞不前的领导力已经很难应对多样化的管理挑战了，领导者需要不断提升领导力，扩大领导力的范围，让自己变得更加全能。

扩大领导力的范围需要经历三大阶段。

在第一个阶段，领导者需要深刻了解自己，意识到自己在管理中的优势和劣势。例如，某企业的领导者在选择员工给出的解决方案时，往往倾向于选择那些比较保守、稳妥的解决方案，而忽视了对创新的解决方案的关注。在意识到这点后，该领导者尝试用一种更加开阔的视角评估各种解决方案，逐渐弥补了企业在创新方面的欠缺。

在第二个阶段，领导者需要充分了解环境。面对复杂的环境，领导者需要分析环境存在哪些特征，以及这些特征对当前工作的影响。

例如，为了做好企业的一个重要项目，某企业的领导者从不同部门抽调出负责不同任务的业务骨干，共同推进该项目。但在项目推进过程中，该领导者遇到了很多困难。为此，该领导者全面分析了该项目所处的环境，并采取了一系列解决办法。针对项目成员只关注本职工作而忽视项目工作的问题,领导者对项目成员近期的工作进行了协调,并推出了完善的项目激励方案;针对沟通不畅的问题,领导者搭建了完善的沟通机制,在促进跨部门沟通的同时实现了对项目进度的定期汇报与信息共享。基于这些调整,该企业顺利完成了这个项目。

在第三个阶段,领导者需要扩大领导力的范围。领导者可以从以下三个方面出发做出改变。

第一,优化行为。领导者需要审视自身的管理行为,优化对领导力有损害的行为,提升领导力。

领导者需要仔细审视自己的管理行为,识别并纠正那些可能对领导力产生负面影响的行为。例如,有的领导者可能过于追求细节,要求员工反复修改方案,或过于关注员工的不足。这些做法不仅降低了工作效率,还可能加剧领导者与员工间的矛盾。对此,领导者可尝试设定合理的工作时间、加快决策速度、更多地给予员工正面激励等,有效地提升企业的凝聚力和员工的执行力,以及自身对员工的领导力。

第二,寻找榜样。领导者可以关注那些在自己所缺乏的能力领域表现出色的同行,将其作为提升领导力的榜样。

例如,某电商企业的领导者通过收集员工的反馈发现,自己在管理中发出了很多短期指令,而缺乏对企业长远目标与愿景的描绘。为此,他积极寻找行业中那些具有远见卓识的领导者,并学习他们的行为。最终,这名领导者逐渐调整了视角,不再只把目光瞄向当前业务,实现了短期目标与长期目标的统筹兼顾。

第三,寻求帮助。在沟通、管理、协作等能够体现领导力的多个方面,领导者可能存在一些欠缺。对此,领导者可以寻求企业中其他员工的帮助,弥补自己的不足。

例如,某科技企业的领导者具有前瞻性,经常调整业务、员工的工作等,以让企业适应快速变化的环境,但这种行为经常让员工感到迷茫。由于该领导者不善于与员工沟通,为此,他让企业内沟通能力较强的几名员工将他的想法及时传达给其他员工,让其他员工能够清楚自己接下来的工作方向。

总之，领导者应随环境变化不断调整提升自身领导力的策略，扩大领导力的范围。在不断成长的过程中，领导者能够更好地应对各种管理挑战，为企业的发展贡献更大的力量。

16.3.2　将个人目标与企业目标融合

梁某是某企业的 CEO，在刚刚担任这一职位时，梁某十分追求个人目标的实现，希望取得突出的业绩。然而，随着工作的深入，他逐渐认识到，只有将个人目标融入企业目标之中，才能实现真正的双赢。

为此，梁某对企业目标、战略规划等进行了深入的研究，并对个人目标进行了调整，实现了个人目标与企业目标的匹配。而后，梁某又根据企业的战略规划，与员工共同明确了部门目标与行动计划。

在这个过程中，梁某实现了个人目标与企业目标的平衡，并通过持续提升领导力，强化了员工的协作能力和凝聚力，最终取得了突出的成果。

对领导者而言，只有将个人目标与企业目标融合，才能更好地发挥领导力，在实现企业目标的同时实现个人目标。

要想将个人目标与企业目标融合，领导者需要做好以下三个方面的工作。

首先，领导者需要深入了解企业目标，明确企业发展的方向，并据此设置个人目标，实现个人目标与企业目标的融合。

其次，领导者需要发挥领导力，根据企业目标制定明确、可实现的团队目标，带领团队实现团队目标，最终通过团队目标的实现助力企业目标与个人目标的实现。

最后，在实现企业目标与个人目标的过程中，领导者需要做好评估，了解企业目标的变化，并及时调整个人目标，确保个人目标与企业目标始终高度匹配。

通过以上三个方面，领导者不仅能够更好地发挥领导力，推动企业目标的达成，还能够在达成企业目标的过程中实现个人价值最大化。

16.3.3 宗庆后：被员工永远铭记的优秀领导者

作为娃哈哈的创始人，宗庆后受到了许多员工的尊重和爱戴。这与其强大的领导力密切相关。宗庆后是怎样修炼领导力的呢？

1. 洞察先机

优秀的领导者具备卓越的决策能力，能够在复杂多变的商业环境中洞察先机，做出正确的决策，引领企业走向成功。宗庆后便具有卓越的决策能力。在企业经营过程中，宗庆后积极尝试新的市场策略，推进产品创新，同时注重企业的风险控制。每一次重大决策，都体现了他对市场的深刻洞察。

例如，宗庆后通过市场调查发现了消费者对健康营养饮品的需求，推出了 AD 钙奶。这款聚焦儿童需求的饮料一经推出就受到了消费者的青睐，迅速占领了市场。此后，宗庆后持续推动产品的多元化创新，实现了产品从儿童饮料到成人饮品再到健康食品的品类拓展。

2. 坚守价值观

在竞争激烈的市场环境中，品质卓越是产品的立足之本。自娃哈哈创立之初，宗庆后便坚守为消费者提供健康、优质产品的价值观。他深知品质是企业的生命线，因此多年来始终严格把控生产流程，确保每一款产品都能达到最高的品质标准。正是这种对品质的执着追求，让娃哈哈在市场上赢得了消费者的广泛认可与信赖。

3. 关注员工的需求

在员工管理方面，宗庆后深知员工是企业最宝贵的财富。他不仅关注员工的物质需求，通过完善的薪酬制度满足员工的生活需求，还在精神上给予员工无微不至的关怀。他经常深入一线，倾听员工的心声，了解他们的需求和困扰，并尽力为员工解决问题。这种以人为本的管理理念让员工感受到了温暖和关怀，从而增强了员工的归属感，提升了员工的忠诚度。

4．重视激励

优秀的领导者不仅要学会如何指挥员工，还要学会如何激励员工。宗庆后重视员工激励，通过有效的激励方式挖掘员工的潜能与创造力。他根据员工的需求制定个性化的激励方案，通过设置完善的薪酬体系、晋升机制、各种奖项和荣誉等激发员工的工作积极性，激励员工创新。同时，他为员工提供培训与发展的机会，帮助员工不断提升职业素养，更好地适应工作。这些激励措施极大地激发了员工的斗志，让员工在工作中不断创造佳绩。

综上所述，宗庆后以卓越的领导力成功创立了娃哈哈这一知名品牌，并推动了企业的持续发展。他洞察先机、坚守价值观、关注员工的需求、重视激励，为企业注入了强大的生命力，使娃哈哈在市场竞争中脱颖而出。宗庆后的领导力和影响力也激励着众多员工持续奋斗，为企业的发展贡献自己的力量。

反侵权盗版声明

电子工业出版社依法对本作品享有专有出版权。任何未经权利人书面许可，复制、销售或通过信息网络传播本作品的行为；歪曲、篡改、剽窃本作品的行为，均违反《中华人民共和国著作权法》，其行为人应承担相应的民事责任和行政责任，构成犯罪的，将被依法追究刑事责任。

为了维护市场秩序，保护权利人的合法权益，我社将依法查处和打击侵权盗版的单位和个人。欢迎社会各界人士积极举报侵权盗版行为，本社将奖励举报有功人员，并保证举报人的信息不被泄露。

举报电话：（010）88254396；（010）88258888
传　　真：（010）88254397
E-mail：dbqq@phei.com.cn
通信地址：北京市万寿路173信箱
　　　　　电子工业出版社总编办公室
邮　　编：100036